annabrevet
sujets & corrigés 2022

Maths 3ᵉ

- **Emmanuelle Michaud**
  Professeure certifiée de mathématiques
  Au collège de Wassigny

- **Bernard Demeillers**
  Professeur de mathématiques

Achevé d'imprimer par IPS en France
Dépôt légal 07806-2/01 - Août 2021

Avec ton Annabrevet, prépare-toi

SOMMAIRE GÉNÉRAL

1 S'échauffer, s'approprier les méthodes

2 S'entraîner sur chaque thème du programme

3 Préparer l'épreuve du brevet : le sprint final

l'épreuve de maths en 3 étapes !

- **Infos et conseils sur l'épreuve** — 12
- **Cinq sujets étape par étape**
- SUJET **1** Nombres et calculs — 18
- SUJET **2** Gestion de données, probabilités — 21
- SUJET **3** Notion de fonctions — 24
- SUJET **4** Grandeurs, mesures et géométrie — 31
- SUJET **5** Algorithmique et programmation — 34

- **Nombres et calculs**
- SUJETS **6** à **23** — 40
- **Données, fonctions**
- SUJETS **24** à **42** — 86
- **Grandeurs et mesures**
- SUJETS **43** à **49** — 141
- **Espace et géométrie**
- SUJETS **50** à **64** — 161
- **Algorithmique et programmation**
- SUJETS **65** à **72** — 202

Voir la liste des sujets par thème — 4

- **L'essentiel du programme en 15 fiches mémo** — 232
- **Trois sujets complets**
- SUJET **73** France métropolitaine 2021 — 247
- SUJET **74** Amérique du Nord 2021 — 259
- SUJET **75** France métropolitaine 2020 — 271

Les sujets et les fiches classés par thème

Pour chaque thème, voici les ressources de ton Annabrevet.

> Indique sur cette liste l'avancement de tes révisions.
> ⊘ À retravailler encore   ⊠ Désormais ok !

■ Nombres et calculs

Utiliser les nombres pour comparer, calculer et résoudre des problèmes

- [ ] **FICHE 1** Différents nombres et leurs représentations 232
- [ ] **FICHE 2** Puissance et racine carrée 233
- [ ] **FICHE 3** Calcul avec des fractions 234
- [ ] **SUJET 1** La collection de BD • ÉTAPE PAR ÉTAPE 18
- [ ] **SUJET 6** Affirmations • Polynésie française, septembre 2018 40
- [ ] **SUJET 7** Les affirmations • Amérique du Nord, juin 2019 43
- [ ] **SUJET 8** QCM • Asie, juin 2018 46
- [ ] **SUJET 9** Le gaspillage alimentaire • Amérique du Nord, juin 2019 ... 48
- [ ] **SUJET 10** Les gaz à effet de serre • Asie, juin 2019 51
- [ ] **SUJET 11** QCM très varié • Centres étrangers, juin 2019 54
- [ ] **SUJET 12** Les JO de Rio • Polynésie française, juillet 2019 57
- [ ] **SUJET 13** Vrai ou faux ? • Centres étrangers, juin 2018 59
- [ ] **SUJET 14** Abonnements Internet • Amérique du Nord, juin 2018 62

Comprendre et utiliser les notions de divisibilité et de nombres premiers

- [ ] **FICHE 4** Multiples, diviseurs, nombres premiers 235
- [ ] **SUJET 15** Le trésor • France métropolitaine, juillet 2019 64

	SUJET 16 Affirmations • Amérique du Sud, novembre 2017	66
☐	SUJET 17 Décompositions • France métropolitaine, septembre 2019	68
☐	SUJET 18 Les barquettes de nems et samossas Nouvelle-Calédonie, décembre 2018..	70
☐	SUJET 75 Un QCM très varié France métropolitaine, septembre 2020, EXERCICE 1	271

Utiliser le calcul littéral

	FICHE 5 Calcul littéral..	236
☐	SUJET 19 Schémas de calcul • France métropolitaine, septembre 2018......	72
☐	SUJET 20 Calcul littéral • France métropolitaine, juin 2018	75
☐	SUJET 21 Le hand spinner • France métropolitaine, juin 2018	77
☐	SUJET 22 Programme de calcul • France métropolitaine, juillet 2019	80
☐	SUJET 23 Comparaison de deux programmes • Pondichéry, mai 2018	83
☐	SUJET 75 Que de consignes ! France métropolitaine, septembre 2020, EXERCICE 2	271

■ Organisation et gestion de données, fonctions

Interpréter, représenter et traiter des données

	FICHE 6 Statistiques	237
☐	SUJET 24 Sécurité routière • Antilles, Guyane, juin 2019	86
☐	SUJET 25 Gestion de données • France métropolitaine, juillet 2019...........	89
☐	SUJET 26 Les particules fines • France métropolitaine, juin 2018..............	93
☐	SUJET 27 Rupture de contrat • Polynésie française, septembre 2019.........	96

Comprendre et utiliser des notions élémentaires de probabilités

	FICHE 7 Probabilités	238
☐	SUJET 2 Le lecteur audio • ÉTAPE PAR ÉTAPE	21
☐	SUJET 28 Montres • Centres étrangers, juin 2018.................................	99
☐	SUJET 29 Jeu de hasard • Pondichéry, mai 2018	101

	SUJET 30 Des chaussures en vitrine • Centres étrangers, juin 2019	104
	SUJET 31 La roue • Nouvelle-Calédonie, décembre 2018	107
	SUJET 32 Les carburants de voitures • Asie, juin 2019	109
	SUJET 33 Téléchargements • Polynésie française, septembre 2019	112
	SUJET 73 Les températures à Tours France métropolitaine, juin 2021, EXERCICE 1	247
	SUJET 73 QCM • France métropolitaine, juin 2021, EXERCICE 3	249

Résoudre des problèmes de proportionnalité

	FICHE 8 Proportionnalité, pourcentages	239
	SUJET 34 France – Portugal • Polynésie française, septembre 2018	114
	SUJET 35 L'éco-conduite • Polynésie française, septembre 2019	116
	SUJET 36 Les pots de confiture • France métropolitaine, juin 2017	120
	SUJET 37 La randonnée • Centres étrangers, juin 2019	122
	SUJET 38 Les pièces montées • France métropolitaine, septembre 2019	125

Comprendre et utiliser la notion de fonction

	FICHE 9 Fonctions	240
	SUJET 3 Magazine sportif • ÉTAPE PAR ÉTAPE	24
	SUJET 39 Facture de gaz • Centres étrangers, juin 2018	128
	SUJET 40 Le médicament • Amérique du Nord, juin 2019	131
	SUJET 41 Reconnaître une fonction • Asie, juin 2019	134
	SUJET 42 Le réchauffement climatique France métropolitaine, septembre 2019	137
	SUJET 75 Occupations pendant les vacances scolaires France métropolitaine, septembre 2020, EXERCICE 4	273

■ Grandeurs et mesures

Calculer avec des grandeurs mesurables

☐	**FICHE 10** Grandeurs et mesures	241
☐	**SUJET 4** Le garage • ÉTAPE PAR ÉTAPE	31
☐	**SUJET 43** Le puits • Asie, juin 2019	141
☐	**SUJET 44** Les verres de jus de fruits • Antilles, Guyane, juin 2019	144
☐	**SUJET 45** Le marathon • Polynésie française, septembre 2017	148
☐	**SUJET 46** Une piscine cylindrique • Centres étrangers, juin 2019	150
☐	**SUJET 47** La terrasse en béton • Amérique du Nord, juin 2018	153
☐	**SUJET 74** Le triathlon • Amérique du Nord, juin 2021, EXERCICE 2	260
☐	**SUJET 74** Rénovation d'une salle de bain Amérique du Nord, juin 2021, EXERCICE 5	263

Comprendre l'effet de quelques transformations sur des grandeurs géométriques

☐	**FICHE 11** Transformations sur une figure	242
☐	**SUJET 48** La pyramide du Louvre • Polynésie française, juillet 2019	156
☐	**SUJET 49** La frise • Amérique du Nord, juin 2018	159

■ Espace et géométrie

Représenter l'espace

☐	**FICHE 12** Repérages	243
☐	**SUJET 50** La yourte • Asie, juin 2018	161
☐	**SUJET 51** Les abeilles ouvrières • France métropolitaine, septembre 2018	163
☐	**SUJET 52** Écran de télévision • Amérique du Sud, novembre 2018	167
☐	**SUJET 53** Aménagement des combles d'une maison Amérique du Sud, novembre 2017	170
☐	**SUJET 54** Le globe de cristal • France métropolitaine, juin 2018	172
☐	**SUJET 73** Le composteur • France métropolitaine, juin 2021, EXERCICE 5	251

Utiliser les notions de géométrie plane pour démontrer

- [ ] **FICHE 13** Triangle et parallélogramme 244
- [ ] **FICHE 14** Pythagore et Thalès 245
- [ ] **SUJET 55** Figure géométrique • Amérique du Nord, juin 2019 175
- [ ] **SUJET 56** Les transformations du plan • France métropolitaine, juillet 2019 177
- [ ] **SUJET 57** Photo de la tour Eiffel • Antilles, Guyane, juin 2019 180
- [ ] **SUJET 58** Un bac à sable • Polynésie française, septembre 2019 183
- [ ] **SUJET 59** Les étagères • Centres étrangers, juin 2019 186
- [ ] **SUJET 60** Le décor de la pièce de théâtre
  France métropolitaine, juillet 2019 189
- [ ] **SUJET 61** Deux voiliers face au vent • Polynésie française, juillet 2019 192
- [ ] **SUJET 62** Rallye VTT • France métropolitaine, septembre 2019 194
- [ ] **SUJET 63** Les triangles • Amérique du Nord, juin 2018 197
- [ ] **SUJET 64** Le ballon de basket • Polynésie française, septembre 2018 200
- [ ] **SUJET 73** Au Futuroscope • France métropolitaine, juin 2021, EXERCICE 2 248
- [ ] **SUJET 74** Vrai ou faux ? • Amérique du Nord, juin 2021, EXERCICE 1 259
- [ ] **SUJET 74** Des transformations géométriques
  Amérique du Nord, juin 2021, EXERCICE 3 261
- [ ] **SUJET 75** La balançoire • France métropolitaine, septembre 2020, EXERCICE 3 272

Algorithmique et programmation

Écrire, mettre au point et exécuter un programme simple

- [ ] **FICHE 15** Algorithmique et programmation 246
- [ ] **SUJET 5** Le vélo de piscine • ÉTAPE PAR ÉTAPE 34
- [ ] **SUJET 65** Scratch • Amérique du Nord, juin 2019 202
- [ ] **SUJET 66** Logiciel d'algorithmique • Polynésie française, juin 2018 205
- [ ] **SUJET 67** Jeux de dés • France métropolitaine, septembre 2019 208
- [ ] **SUJET 68** Suite de carrés • Amérique du Sud, novembre 2018 212
- [ ] **SUJET 69** Programme de calculs • Polynésie française, juillet 2019 215
- [ ] **SUJET 70** Le robot jardinier • Centres étrangers, juin 2018 219

	SUJET 71 Dessin sous Scratch • France métropolitaine, juillet 2019 223
	SUJET 72 Jeu de fléchettes • Pondichéry, mai 2018 227
	SUJET 73 Scratch et résolutions d'équations France métropolitaine, juin 2021, EXERCICE 4 250
	SUJET 74 Le damier • Amérique du Nord, juin 2021, EXERCICE 4 262
	SUJET 75 L'éolienne • France métropolitaine, septembre 2020, EXERCICE 5 275

- Coordination éditoriale : Anaïs Goin
  assistée de Pauline Huet et d'Hélène Wachtel
- Édition : Jean-Marc Cheminée
- Graphisme : Dany Mourain et le studio Favre & Lhaïk
- Prépresse : Hatier et Nadine Aymard
- Illustration : Juliette Baily
- Schémas : STDI
- Mise en page : STDI

Pour compléter tes révisions, rendez-vous sur annabac.com !

- L'achat de cet Annabrevet te permet de bénéficier d'un **accès GRATUIT*** à toutes les **ressources** d'annabac.com en 3ᵉ (fiches, vidéos, quiz, sujets corrigés…) et à ses **parcours de révision**.

- Pour profiter de cette offre, rendez-vous sur **www.annabac.com** dans la rubrique

  J'ai acheté un ouvrage Hatier

selon les conditions précisées sur le site

S'échauffer, s'approprier les méthodes

INFOS et CONSEILS sur l'épreuve

FICHE 1	Comment s'organise l'épreuve de maths ?	12
FICHE 2	Quels sont les types d'exercices ?	14
FICHE 3	Quel matériel peux-tu apporter et comment l'utiliser ?	15
FICHE 4	Comment réussir l'épreuve ?	16
FICHE 5	Comment te préparer à l'examen ?	17

Cinq sujets ÉTAPE par ÉTAPE

SUJET 1	Nombres et calculs	18
SUJET 2	Gestion de données, probabilités	21
SUJET 3	Notion de fonctions	24
SUJET 4	Grandeurs, mesures et géométrie	31
SUJET 5	Algorithmique et programmation	34

1. Comment s'organise l'épreuve de maths ?

Le brevet comprend une épreuve écrite de mathématiques qui évalue les connaissances et compétences attendues en fin de cycle 4.

A La durée et le barème

- L'épreuve dure **2 heures**.
- L'ensemble de l'épreuve est noté sur **100 points**. Les points attribués à chaque exercice sont indiqués dans le sujet.

> **RAPPEL** Le brevet est noté sur un total de 800 points :
> – 400 pour le contrôle continu ;
> – 400 pour les épreuves finales.
> Pour l'obtenir, il te suffit d'avoir 400 points, mais tu peux évidemment viser plus pour obtenir une mention.

B La composition de l'épreuve

- Le sujet est constitué de **six à huit exercices**. Ils peuvent être traités indépendamment les uns des autres et dans l'ordre qui te convient. Au moins l'un des exercices porte sur l'algorithmique ou la programmation.

- Les exercices peuvent se présenter sous **diverses formes** :
– questions ouvertes ;
– questionnaires à choix multiples (QCM) ;
– questions de type vrai/faux.
Certains exercices ou certaines questions exigent de ta part une **prise d'initiative** et sollicitent principalement ta capacité de raisonnement.

> **INFO** Le jour de l'épreuve, tu es autorisé à utiliser ta calculatrice mais attention, cela ne te dispense pas de connaître par cœur les formules au programme.

- Note également que la série d'exercices comprend souvent un **problème** prenant appui sur des situations issues de la vie courante ou sur d'autres disciplines.

C Les critères d'évaluation

- Les correcteurs évaluent la clarté et la **précision des raisonnements** – et, par conséquent, la qualité de la rédaction mathématique.
- Si tu ne termines pas un exercice, les démarches engagées, même non abouties, sont prises en compte dans la notation.

> **CONSEIL** Prends soin de bien noter, au brouillon, les étapes de ta recherche et de recopier les éléments permettant de la valoriser.

D En résumé

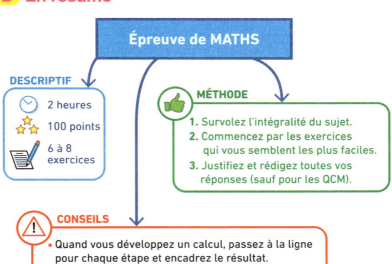

2 Quels sont les types d'exercices ?

Un sujet de brevet est composé d'exercices de mathématiques de natures variées. Les exercices fondamentaux font surtout appel à tes connaissances. La plupart des exercices sollicitent ta capacité à résoudre des problèmes.

A Les exercices fondamentaux

- Dans ce type d'exercice, il s'agit d'appliquer une leçon. Tu dois montrer que tu as compris les **notions fondamentales** du programme de maths du collège.
- Si l'exercice prend la forme d'un **QCM** (questionnaire à choix multiple), tu dois choisir parmi plusieurs réponses la seule qui est correcte. Tu n'as pas à justifier ta réponse. Sur ta feuille, indique le numéro de la question et recopie la bonne réponse. Les mauvaises réponses n'ôtent pas de points.

B Les exercices contextualisés

- Les exercices contextualisés s'appuient sur des **situations** issues de la vie courante ou faisant référence à d'autres disciplines, et qui sont modélisées sous une forme mathématique.
- Leur énoncé peut comprendre un schéma explicatif, une formule, etc.

C Les exercices de type « tâche complexe »

- Pour certains exercices de type « tâche complexe », une série de **données** et/ou de documents sont fournis. Une seule question t'est posée.
- Tu dois mobiliser tes connaissances sur **plusieurs leçons** et **trouver toi-même les étapes** à suivre pour résoudre le problème. Ta réponse devra faire apparaître clairement ton raisonnement.

> **CONSEIL** Même si ta démarche n'aboutit pas, n'hésite pas à écrire toutes tes pistes de recherche. Elles comptent dans ta note.

D L'exercice d'algorithmique

- L'exercice d'algorithmique fait référence au logiciel de programmation Scratch.
- Tu dois montrer que tu as **compris un programme** déjà écrit et que tu sais éventuellement le **modifier**.

3. Quel matériel peux-tu apporter et comment l'utiliser ?

Le brevet des collèges est un examen officiel soumis à des règles et à des procédures strictes. Afin d'éviter la triche, un certain nombre d'objets y sont interdits.

A. Une trousse complète

● Toute communication entre les candidats est interdite durant les épreuves. Tu ne pourras donc pas emprunter une gomme ou un crayon s'il te manque des fournitures. C'est pourquoi tu dois veiller à disposer de tout le matériel nécessaire avant l'épreuve.

✓ stylos
✓ cartouches d'encre
✓ effaceur
✓ crayon à papier
✓ taille-crayon
✓ gomme
✓ surligneurs
✓ crayons de couleur
✓ règle

● En maths, tu dois également apporter tous les outils de géométrie.

ASTUCE Prépare ton sac, la veille de l'épreuve pour ne rien oublier ! Vérifie bien l'état de ton équipement.

B. Une calculatrice

● Pour le brevet, tu as le droit d'avoir avec toi une calculatrice non programmable et sans mémoire (standard ou « type collège ») ou bien une calculatrice programmable avec mémoire et/ou écran graphique possédant un mode examen.

● Familiarise-toi avec ta calculatrice avant l'épreuve, ainsi tu ne perdras pas de temps à chercher certaines fonctionnalités le jour même.

● N'oublie pas les ordres de priorités quand tu rentres des opérations. La multiplication et la division sont prioritaires sur l'addition et la soustraction. Les calculatrices « type collège » et scientifique te permettent d'inclure les parenthèses dans tes calculs pour être sûr(e) de ne pas te tromper.

QUEL MATÉRIEL EST INTERDIT LE JOUR DE L'ÉPREUVE ?

• Les téléphones portables, les mp3, les liseuses électroniques ou encore les montres connectées doivent être rangés et éteints dans ton sac.

• Inutile également d'apporter ton propre brouillon. Des feuilles d'une couleur distincte de celle de tes voisins te seront distribuées.

④ Comment réussir l'épreuve ?

Pour chaque exercice, tu dois comprendre le problème posé, utiliser les données fournies, mobiliser tes connaissances et expliquer clairement ton raisonnement.

A Bien gérer son temps

- Commence par **survoler l'intégralité** du sujet. Les exercices sont indépendants : tu peux les traiter dans l'ordre que tu veux.

- Tu disposes de 2 heures pour faire 6 à 8 exercices : tu dois donc accorder environ **15 minutes** à chacun. Veille néanmoins à garder **10 minutes** à la fin de l'épreuve pour te relire.

- Si tu peines sur une question ou sur un exercice, ne t'y attarde pas trop : passe au suivant, et tu y reviendras ensuite.

B Bien analyser chaque exercice

- Lis une fois chaque énoncé ; puis relis en soulignant les **données clés**.

- En géométrie, si l'énoncé ne fournit pas de figure, **trace rapidement celle-ci au brouillon** : tu visualiseras mieux le problème et feras apparaître des configurations connues.

C Bien rédiger et bien présenter sa copie

1. La présentation de la copie

- Travaille d'abord au brouillon, afin d'éviter les ratures.

- Sur ta copie, indique bien le numéro de chacun des exercices. Quand tu développes un **calcul**, passe à la ligne pour chaque étape et souligne le résultat. Tes **figures** doivent être précises, soignées et bien codées.

2. La qualité de la rédaction

Tu dois **justifier et rédiger** toutes tes réponses, sauf dans les QCM.

- Dans une démonstration, explicite les hypothèses te permettant de faire appel à une propriété, écris la formule employée.

- Quand tu donnes une réponse chiffrée, fais attention à la précision demandée, n'oublie pas l'unité.

- De façon générale, exprime-toi dans un français correct et efforce-toi d'employer avec justesse le vocabulaire mathématique.

5 Comment te préparer à l'examen ?

Les épreuves finales du brevet constituent ton premier examen. Cela peut générer du stress. Mais, si tu es en bonne forme et que tu as travaillé régulièrement tout au long de l'année, tu n'as aucune raison de t'inquiéter.

A De manière générale

1. La préparation physique

- Il est recommandé de **dormir correctement** dans les deux derniers mois avant l'examen. Le manque de sommeil risque en effet de réduire tes performances intellectuelles.

- Pour mieux gérer ton stress, continue de **faire du sport**, sans excès, dans les jours qui précèdent l'examen.

2. La préparation intellectuelle

Cette préparation-là s'effectue tout au long de l'année.
- En premier lieu, sois **attentif en cours**.

- **Apprends tes leçons** au fur et à mesure ; n'attends pas le contrôle. Donne du sens à ce que tu apprends : n'hésite pas à expliquer, à l'oral ou à l'écrit, le contenu de ta leçon à un proche ou à un camarade de classe.

- Lors de la préparation d'un contrôle, entraîne-toi à **extraire de ta mémoire** ce que tu y as mis. Révise pour de vrai !

> **ATTENTION !** Réviser n'est pas seulement relire. Il faut reformuler mentalement ce que tu lis et, si possible, par écrit, devant une feuille blanche.

B Dans chaque discipline

- En **mathématiques et en sciences**, fais une fiche de révision par chapitre : note les définitions et les propriétés à connaître, illustrées par des exemples rédigés.

- En **français**, prends le temps nécessaire pour lire attentivement les textes qu'on te donne à lire à la maison (sous forme d'extraits ou d'œuvres complètes).

- En **histoire, géographie et EMC**, pour chaque chapitre, note les points principaux en t'appuyant sur ton cours ou ton manuel.

1 Nombres et calculs : un exercice *étape* par *étape*

La collection de BD

15 min
12 points

ph© Erik Mclean / Unsplash

Avant son déménagement, Hugo décide de se séparer de sa collection de 300 BD. 15 % de ces BD sont trop abîmées pour être vendues. Il les dépose à la déchèterie. À la braderie du village, il vend ensuite trois cinquièmes de ce qu'il lui reste.

▶ **Combien rapporte-t-il de BD chez lui à la fin de la braderie ?**

Lire attentivement l'énoncé   6 min

 Pour bien comprendre la situation, **reformule avec tes mots** les informations fournies par l'énoncé. **Déduis-en ce que tu vas devoir faire.**

> **REFORMULATION**
>
> Hugo a une collection de BD, dont il se sépare en deux temps :
> – il jette une partie des BD à la déchèterie ;
> – il en vend une autre partie à la braderie.
> Je cherche à savoir combien il lui en reste à la fin.
>
> **CE QUE JE VAIS FAIRE**
>
> Il va falloir que je calcule le nombre de BD dont Hugo se sépare à chaque étape.

Nombres et calculs : un exercice étape par étape **1**

au brouillon **Organiser sa démarche**   3 min

● **Relève dans l'énoncé les nombres** dont tu as besoin et demande-toi ce qu'ils permettent de calculer.

> Hugo se sépare de 300 BD. 15 % de ces BD sont trop abîmées pour être vendues.

15 % s'applique aux **300 BD de départ** ; permet de calculer le nombre de BD qu'Hugo jette.

> À la braderie il vend ensuite trois cinquièmes de ce qu'il lui reste

$\frac{3}{5}$ s'applique aux **BD restantes** ; permet de calculer le nombre de BD vendues.

● **Représente la situation par un schéma**, pour mieux la visualiser.

| 15 % des 300 BD → déchèterie | $\frac{3}{5}$ des BD restantes → braderie | BD qu'il rapporte chez lui |

BD restantes après avoir jeté celles allant à la déchèterie

au propre **Répondre à la question posée**   6 min

● Calcule d'abord le **nombre de BD laissées à la déchèterie**.

On commence par calculer le nombre de BD jetées à la déchèterie : 15 % des 300 BD de départ.

$$\frac{15}{100} \times 300 = 45$$

Hugo jette 45 BD à la déchèterie.

RAPPEL
Calculer un pourcentage (ici 15 %) revient à calculer une fraction $\left(\frac{15}{100}\right)$ d'une quantité (ici 300).

Nombres et calculs : un exercice étape par étape

 Puis calcule le **nombre de BD vendues à la braderie**.

- Sur les 300 BD de départ, 45 ont été jetées à la déchèterie :
300 − 45 = 255
Il reste à Hugo 255 BD après son passage à la déchèterie.

- Le nombre de BD vendues lors de la braderie s'obtient alors par le calcul suivant : $\dfrac{3}{5} \times 255 = 153$.

Hugo vend 153 BD lors de la braderie.

MÉTHODE
De nouveau, tu dois calculer une fraction d'une quantité, en multipliant celle-ci par la fraction.

 Calcule enfin le **nombre de BD qu'Hugo va rapporter chez lui**.

Sur les 255 BD qu'il lui restait, Hugo s'est encore séparé de 153 d'entre elles.
255 − 153 = 102

Hugo rapporte 102 BD chez lui.

CONSEIL
Tu dois terminer par une phrase qui répond à la question posée.

2. Gestion de données, probabilités : un exercice *étape* par *étape*

Le lecteur audio

15 min — 12 points

Dans son lecteur audio, Théo a téléchargé 375 morceaux de musique. Parmi eux, il y a 125 morceaux de rap. Il appuie sur la touche « lecture aléatoire » qui lui permet d'écouter un morceau choisi au hasard parmi tous les morceaux disponibles.

▶ **1.** Quelle est la probabilité qu'il écoute du rap ?

▶ **2.** La probabilité qu'il écoute du rock est égale à $\dfrac{7}{15}$. Combien Théo a-t-il de morceaux de rock dans son lecteur audio ?

▶ **3.** Alice possède 40 % de morceaux de rock dans son lecteur audio. Si Théo et Alice appuient tous les deux sur la touche « lecture aléatoire » de leur lecteur audio, lequel a le plus de chances d'écouter un morceau de rock ?

ÉTAPE 1 — Comprendre l'enjeu de l'exercice — 1 min

Pour comprendre la situation, **reformule avec tes mots** les informations fournies par l'énoncé. Déduis-en **ce que tu vas devoir faire**.

REFORMULATION

- Théo a 375 morceaux de musique sur son lecteur, 125 sont du rap.
- La touche « lecture aléatoire » lui permet de lancer un morceau de musique au hasard parmi les 375 titres.

CE QUE JE VAIS FAIRE

Il va falloir que je calcule différentes probabilités à partir de cette situation.

Gestion de données, probabilités : un exercice étape par étape

Répondre à la question 1

 4 min

● **Relève dans l'énoncé les nombres** dont tu as besoin et n'hésite pas à **schématiser la situation** pour bien la comprendre.

Théo a téléchargé 375 morceaux de musique

Parmi eux, il y a 125 morceaux de rap

● Après avoir rappelé que l'on est dans une **situation d'équiprobabilité**, fais appel à la formule qui te permet de calculer la probabilité demandée.

▶ **1.** Sachant que l'on est dans une situation d'équiprobabilité, on peut calculer ainsi la probabilité qu'il écoute du rap :

p(« Théo écoute du rap »)
= $\dfrac{\text{nombre de morceaux de rap}}{\text{nombre total de morceaux disponibles}} = \dfrac{125}{375} = \dfrac{1}{3}$.

CONSEIL
Présente le résultat sous forme d'une fraction irréductible.

Répondre à la question 2

 5 min

● Analyse bien la question avant de te lancer dans la rédaction.

LE SENS DE LA QUESTION

• La probabilité $\dfrac{7}{15}$ signifie que si son lecteur contenait 15 morceaux, 7 seraient du rock.
• À partir de cette probabilité et du nombre total de morceaux (375), je dois calculer le nombre total de morceaux de rock.

LE MODE DE RÉSOLUTION

Je peux utiliser un tableau de proportionnalité.

Gestion de données, probabilités : un exercice étape par étape **2**

● Rédige la réponse en y incluant le tableau de proportionnalité.

▶ 2. On calcule le nombre de morceaux de rock contenus dans le lecteur audio.

Nombre de morceaux de rock	7	$7 \times \dfrac{375}{15} = 175$
Nombre total de morceaux	15	375

MÉTHODE
Tu dois faire apparaître le détail du calcul de la quatrième proportionnelle.

Théo a donc 175 morceaux de rock dans son lecteur audio.

ÉTAPE 4 — Répondre à la question 3

5 min

● Prends le temps de réfléchir et de bien comprendre la question.

LE SENS DE LA QUESTION
Je dois comparer deux probabilités, exprimées ici sous la forme d'un pourcentage (40 %) et d'une fraction $\left(\dfrac{7}{15}\right)$.

LE MODE DE RÉSOLUTION
Je réduis le pourcentage et la fraction au même dénominateur.

● Rédige ta réponse en précisant bien quelles probabilités tu compares. On calcule les probabilités d'écouter du rock :

▶ 3.

$p(\text{« Alice écoute du rock »}) = \dfrac{40}{100} = \dfrac{40 \times 3}{100 \times 3} = \dfrac{120}{300}$

$p(\text{« Théo écoute du rock »}) = \dfrac{7}{15} = \dfrac{7 \times 20}{15 \times 20} = \dfrac{140}{300}$

Comme $\dfrac{140}{300} > \dfrac{120}{300}$, c'est Théo qui a le plus de chance d'écouter un morceaux rock.

CONSEIL
La rédaction est en deux temps : la réduction des fractions au même dénominateur, puis la phrase de conclusion.

Notion de fonctions : un exercice *étape* par *étape*

Magazine sportif

Une personne s'intéresse à un magazine sportif qui paraît une fois par semaine. Elle étudie plusieurs formules d'achat de ces magazines qui sont détaillées ci-après.

- Formule A – Prix du magazine à l'unité : 3,75 €.
- Formule B – Abonnement pour l'année : 130 €.
- Formule C – Forfait de 30 € pour l'année et 2,25 € par magazine.

On donne ci-dessous les représentations graphiques qui correspondent à ces trois formules.

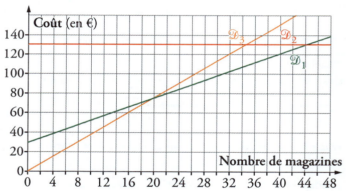

▶ **1.** Sur votre copie, recopier le contenu du cadre ci-dessous et relier par un trait chaque formule d'achat avec sa représentation graphique.

Formule A •	• $\mathcal{D}_1$
Formule B •	• $\mathcal{D}_2$
Formule C •	• $\mathcal{D}_3$

Notion de fonctions : un exercice étape par étape   3

▶ **2.** En utilisant le graphique, répondre aux questions suivantes.
Les traits de construction devront apparaître sur le graphique.

a) En choisissant la formule A, quelle somme dépense-t-on pour acheter 16 magazines dans l'année ?

b) Avec 120 €, combien peut-on acheter de magazines au maximum dans une année avec la formule C ?

c) Si on décide de ne pas dépasser un budget de 100 € pour l'année, quelle est alors la formule qui permet d'acheter le plus grand nombre de magazines ?

▶ **3.** Indiquer la formule la plus avantageuse selon le nombre de magazines achetés dans l'année.

Comprendre l'enjeu de l'exercice   2 min

● Pour comprendre la situation, **reformule avec tes mots** les informations fournies par l'énoncé. Déduis-en **ce que tu vas devoir faire** dans l'exercice.

 REFORMULATION
- Avec la formule A, pour chaque magazine acheté, on paie 3,75 €.
- Avec la formule B, quel que soit le nombre de magazines achetés dans l'année, on paie 130 €.
- Avec la formule C, on paie un abonnement fixe unique de 30 € puis on paie 2,25 € pour chaque magazine acheté.

CE QUE JE VAIS FAIRE
Il va falloir que je compare ces trois formules dans différentes situations.

Notion de fonctions : un exercice étape par étape

Répondre à la question 1

3 min

● **Observe** bien les trois tracés et demande-toi à quel type de fonction ils correspondent.

La droite $\mathcal{D}_1$ ne passe pas par l'origine du repère. Elle n'est pas constante non plus.
→ Donc elle correspond au tracé d'une fonction **affine**.

La droite $\mathcal{D}_2$ est constante.
→ Donc elle correspond au tracé d'une fonction qui prend **toujours la même valeur**.

La droite $\mathcal{D}_3$ passe par l'origine du repère.
→ Donc elle correspond au tracé d'une fonction **linéaire**.

● Donne tes réponses en reliant chaque formule à la courbe qui lui correspond.

▶ 1.

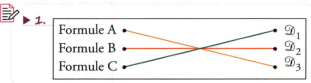

Formule A — $\mathcal{D}_3$
Formule B — $\mathcal{D}_2$
Formule C — $\mathcal{D}_1$

Notion de fonctions : un exercice étape par étape

Répondre à la question 2. a)

 1 min

● Tu dois étudier la **formule A** donc seul le graphique de $\mathcal{D}_3$ nous intéresse ici.

LE SENS DE LA QUESTION

Je dois donner le prix de 16 magazines.
Il s'agit donc de trouver l'ordonnée du point de $\mathcal{D}_3$ d'abscisse 16.

LE MODE DE RÉSOLUTION

• Je dois me placer sur l'axe des abscisses à 16.
• Je trace des pointillés verticalement jusqu'à la droite $\mathcal{D}_3$, puis horizontalement jusqu'à l'axe des ordonnées.
• Je lis le prix correspondant.

● Donne la réponse en y incluant les **traits de construction**.

▶ 2. a)

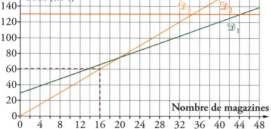

Pour 16 magazines achetés, avec la formule A, on paie 60 €.

CONSEIL
N'oublie pas de rédiger la réponse, le tracé ne suffit pas.

3 Notion de fonctions : un exercice étape par étape

Répondre à la question 2. b)

● Relève dans la question les **mots importants**.

On étudie la formule C, donc seul le graphique de $\mathcal{D}_1$ nous intéresse ici.

LE SENS DE LA QUESTION

Je cherche le nombre de magazines achetés pour une dépense de 120 €.
Il s'agit donc de trouver l'abscisse du point de $\mathcal{D}_1$, d'ordonnée 120.

LE MODE DE RÉSOLUTION
• Je me place sur l'axe des ordonnées à 120.
• Je trace des pointillés horizontalement jusqu'à la droite $\mathcal{D}_1$ puis verticalement jusqu'à l'axe des abscisses.
• Je lis le nombre de magazine correspondant.

● Donne ta réponse en y incluant les **traits de construction**.

▶ 2. b)

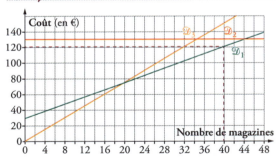

Pour 120 €, avec la formule C, on achète au maximum 40 magazines en une année.

CONSEIL
La réponse doit être un nombre entier de magazines ! Au besoin, prends la valeur entière juste avant.

Notion de fonctions : un exercice étape par étape

Répondre à la question 2. c)

3 min

● Réfléchis.

LE SENS DE LA QUESTION

On fixe le prix payé à 100 €.
Je dois chercher par quelle formule, parmi les 3, on obtient le plus de magazines avec 100 €.

LE MODE DE RÉSOLUTION

Je dois d'abord trouver les abscisses des points de $\mathcal{D}_1$, $\mathcal{D}_2$ et $\mathcal{D}_3$ d'ordonnée 100. Puis je pourrai déterminer lequel a l'abscisse la plus grande.

● Donne la réponse en y incluant les **traits de construction**.

▶ 2. c)

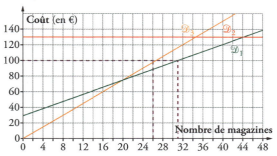

- Pour 100 €, avec la formule A, on aurait environ 26 magazines.

- Pour 100 €, avec la formule B, on n'aurait aucun magazine.

- Pour 100 €, avec la formule C, on aurait environ 31 magazines.

- C'est donc avec la formule C que l'on aurait, pour 100 €, le plus de magazines.

CONSEIL
Ici aussi, tu dois donner un nombre entier de magazines en arrondissant par défaut.

Notion de fonctions : un exercice étape par étape

Répondre à la question 3

 5 min

● Prends le temps d'analyser la question, afin de bien comprendre ce qui t'est demandé.

LE SENS DE LA QUESTION
Je cherche à comparer les trois formules en fonction du nombre de magazines achetés dans l'année.

LA MODE DE RÉSOLUTION
• La formule la plus avantageuse est celle dont la représentation graphique est en dessous des deux autres, car alors son coût est le moins élevé.
• Je dois donc, par lecture graphique, décrire les positions relatives des courbes $\mathcal{D}_1$, $\mathcal{D}_2$ et $\mathcal{D}_3$ et déterminer quelle courbe est en dessous des deux autres entre chacun de leurs points d'intersection.

● Rédige la réponse en indiquant les **étapes de ton raisonnement**.

▶ 3. Soit x le nombre de magazines achetés.

• Si $x < 20$, $\mathcal{D}_3$ est en dessous de $\mathcal{D}_1$ et de $\mathcal{D}_2$.
La formule A est alors la plus avantageuse.

• Si $x = 20$, les formules A et C sont les plus avantageuses et reviennent au même prix.

• Si $20 < x < 44$, $\mathcal{D}_1$ est en dessous de $\mathcal{D}_3$ et de $\mathcal{D}_2$.
La formule C est alors la plus avantageuse.

• Si $x = 44$, les formules B et C sont les plus avantageuses et reviennent au même prix.

• Si $x > 44$, $\mathcal{D}_2$ est en dessous de $\mathcal{D}_3$ et de $\mathcal{D}_1$.
La formule B est alors la plus avantageuse.

CONSEIL
Repasse au crayon les portions de courbes les plus basses et repère les deux points de changement de droite.

Grandeurs, mesures et géométrie : un exercice *étape* par *étape*

Le garage

Paul veut construire un garage dans le fond de son jardin.
Sur le schéma ci-dessous, la partie colorée représente le garage positionné en limite de propriété.

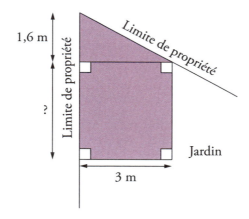

Les longueurs indiquées (1,6 m et 3 m) sont imposées ; la longueur marquée par un point d'interrogation est variable.

Toute trace de recherche, même incomplète, pourra être prise en compte dans la notation.

▶ **Sachant que la surface du garage ne doit pas dépasser 20 m², quelle valeur maximale peut-il choisir pour cette longueur variable ?**

Grandeurs, mesures et géométrie : un exercice étape par étape — 4

 Lire attentivement l'énoncé 4 min

○ Pour bien comprendre la situation, **reformule avec tes mots** les informations fournies par l'énoncé. Attarde-toi ensuite sur **la consigne** et déduis-en ce que l'on te demande.

REFORMULATION
- Paul construit un garage dont le plan forme un quadrilatère constitué d'une partie rectangulaire et d'une partie triangulaire.
- Deux côtés du garage sont fixes, ce sont les limites du jardin.
- Paul a décidé de la longueur d'un côté du rectangle, l'autre reste à déterminer pour avoir une surface maximum.

CE QUE JE VAIS FAIRE
- Il s'agit de trouver la *valeur maximale de la longueur variable*, de manière que l'addition des aires du triangle et du rectangle soit inférieure à 20 m².
- Pour cela, je vais poser x la longueur du rectangle.

 Organiser sa démarche 4 min

○ **Relève dans l'énoncé les nombres** dont tu as besoin et demande-toi ce qu'ils permettent de calculer.

Les deux côtés de l'angle droit du triangle mesurent 1,6 m et 3 m. — Ces nombres permettent de calculer l'aire du triangle.

Le rectangle a comme largeur 3 m et comme longueur x. — Ces nombres permettent de calculer l'aire du rectangle.

Grandeurs, mesures et géométrie : un exercice étape par étape **4**

au propre

Répondre à la question posée

 7 min

 Calcule les aires des deux parties du garage.

Aire$_{triangle}$ = $\dfrac{3 \times 1{,}6}{2}$ = 2,4 m².

Aire$_{rectangle}$ = 3 × x = 3x m².

RAPPELS
- Aire$_{triangle\ rectangle}$ = $\dfrac{L \times l}{2}$.
- Aire$_{rectangle}$ = $L \times l$.

 Puis calcule l'aire totale du garage.

Aire$_{garage}$ = Aire$_{triangle}$ + Aire$_{rectangle}$ = 2,4 + 3x.

 Détermine alors la valeur de x pour que l'aire totale du garage soit inférieure à 20 m².

L'aire du terrain doit être inférieure à 20 m².

Aire$_{garage}$ < 20

2,4 + 3x < 20

3x < 20 − 2,4

3x < 17,6

x < $\dfrac{17{,}6}{3}$

x < 5,866…

La longueur variable doit mesurer au maximum 5,8 m pour que l'aire du garage soit inférieure à 20 m².

MÉTHODE
Tu dois choisir une valeur approchée par défaut.

CONSEIL
N'oublie pas de terminer par une phrase qui répond au problème posé.

Algorithmique et programmation : un exercice *étape* par *étape*

Le vélo de piscine

Une personne pratique le vélo de piscine depuis plusieurs années dans un centre aquatique à raison de 2 séances par semaine. Possédant une piscine depuis peu, elle envisage d'acheter un vélo de piscine pour pouvoir l'utiliser exclusivement chez elle et ainsi ne plus se rendre au centre aquatique.

- Prix de la séance au centre aquatique : 15 €.
- Prix d'achat d'un vélo de piscine pour une pratique à la maison : 999 €.

▶ **1.** Montrer que 10 semaines de séances au centre aquatique lui coûtent 300 €.

▶ **2.** Que représente la solution affichée par le programme ci-après ?

```
quand [drapeau] est cliqué
mettre x à 0
répéter jusqu'à ( x * 2 * 15 ) > 999
    ajouter à x : 1
dire regroupe "La solution est : " x
```

▶ **3.** Combien de semaines faudrait-il pour que l'achat du vélo de piscine soit rentabilisé ?

Algorithmique et programmation : un exercice étape par étape **5**

Lire attentivement l'énoncé

 1 min

S'ÉCHAUFFER

● Pour comprendre la situation, **reformule avec tes mots** les informations fournies par l'énoncé. Déduis-en **ce que tu vas devoir faire.**

REFORMULATION
- Une personne fait, 2 fois par semaine, du vélo de piscine dans un centre.
- Elle envisage, ayant une piscine chez elle, d'acheter son propre vélo.

CE QUE JE VAIS FAIRE
Il va falloir que je calcule combien lui coûtent ses séances au centre. Puis, à l'aide d'un programme, je vais devoir calculer au bout de combien de semaines l'achat de son vélo est rentabilisé.

Répondre à la question 1

 1 min

● **Relève dans l'énoncé les nombres** dont tu as besoin.

LE SENS DE LA QUESTION
Je vais devoir calculer la somme totale que dépense cette personne en allant 2 fois par semaine pendant 10 semaines au centre aquatique.

LE MODE DE RÉSOLUTION
- Je note que le prix à payer pour 1 séance au centre est de ==15 €==.
- Je dois multiplier la somme dépensée en une semaine par le nombre total de semaines.

● Donne ta réponse.

▶ **1.** 2 × 15 = 30
Elle paie 30 € par semaine.
==10 × 30== = 300
Elle paie 300 € pour 10 semaines de séances au centre.

CONSEIL
Tu peux décomposer le calcul, comme ici, ou répondre avec un seul calcul.

Algorithmique et programmation : un exercice étape par étape

Répondre à la question 2

 8 min

● Lis attentivement **chaque ligne du programme** pour comprendre ce que chacune produit. Sur ton propre énoncé, n'hésite pas à faire correspondre à chaque instruction l'élément de l'énoncé qu'elle traduit.

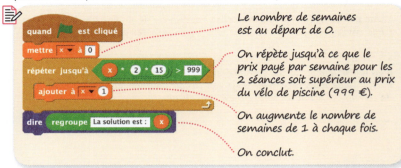

Le nombre de semaines est au départ de 0.

On répète jusqu'à ce que le prix payé par semaine pour les 2 séances soit supérieur au prix du vélo de piscine (999 €).

On augmente le nombre de semaines de 1 à chaque fois.

On conclut.

● Donne ta réponse.

▶ **2.** La valeur finale de x donne <u>le nombre de semaines</u> à partir duquel il est plus avantageux d'acheter son propre vélo de piscine.

Répondre à la question 3

 5 min

● Relève dans la question **les mots importants**.

LE SENS DE LA QUESTION
• Le terme « rentabilisé » signifie que l'argent dépensé pour acheter son propre vélo de piscine est moins important que celui que la personne dépenserait en allant au centre.
• Je dois chercher le nombre x de semaines à partir duquel le prix payé en centre est supérieur au prix d'achat d'un vélo.

LE MODE DE RÉSOLUTION
Je dois résoudre une inéquation.

Algorithmique et programmation : un exercice étape par étape — 5

● Rédige la réponse en **détaillant la résolution de l'inéquation**.

▶ **3.** Chaque séance au centre coûte 15 €.
La personne y va 2 fois par semaine.

Donc le prix payé pour x semaines au centre est :
$2 \times 15 \times x$

On résout l'inéquation :
$2 \times 15 \times x > 999$
$30x > 999$
$x > \dfrac{999}{30}$
$x > 33,3$

C'est donc au bout de <mark>34 semaines</mark> que l'achat du vélo devient plus rentable que les séances au centre aquatique.

CONSEIL
Le nombre de semaines doit être un nombre entier : arrondis à l'entier supérieur.

⏱ S'entraîner
sur chaque thème du programme

Utiliser les nombres pour comparer, calculer et résoudre des problèmes
SUJETS **6** à **14**   40

Comprendre et utiliser les notions de divisibilité et de nombres premiers
SUJETS **15** à **18**   64

Utiliser le calcul littéral
SUJETS **19** à **23**   72

Interpréter, représenter et traiter les données
SUJETS **24** à **27**   86

Comprendre et utiliser des notions élémentaires de probabilités
SUJETS **28** à **33**   99

Résoudre des problèmes de proportionnalité
SUJETS **34** à **38**   114

Comprendre et utiliser la notion de fonction
SUJETS 39 à 42   128

Calculer avec des grandeurs mesurables
SUJETS 43 à 47   141

Comprendre l'effet de quelques transformations sur des grandeurs géométriques
SUJETS 48 et 49   156

Représenter l'espace
SUJETS 50 à 54   161

Utiliser les notions de géométrie plane pour démontrer
SUJETS 55 à 64   175

Écrire, mettre au point et exécuter un programme simple
SUJETS 65 à 72   202

Polynésie française • Septembre 2018

Affirmations

EXERCICE 1

Indiquer si les affirmations suivantes sont vraies ou fausses.
Justifier vos réponses.

▶ **1. Affirmation 1**
On lance un dé équilibré à six faces numérotées de 1 à 6. Un élève affirme qu'il a deux chances sur trois d'obtenir un diviseur de 6.
A-t-il raison ?

▶ **2. Affirmation 2**
On considère le nombre $a = 3^4 \times 7$.
Un élève affirme que le nombre $b = 2 \times 3^5 \times 7^2$ est un multiple du nombre a.
A-t-il raison ?

▶ **3. Affirmation 3**
En 2016, le football féminin comptait en France 98 800 licenciées alors qu'il y en avait 76 000 en 2014.
Un journaliste affirme que le nombre de licenciées a augmenté de 30 % de 2014 à 2016.
A-t-il raison ?

▶ **4. Affirmation 4**
Une personne A a acheté un pull et un pantalon de jogging dans un magasin. Le pantalon de jogging coûtait 54 €. Dans ce magasin, une personne B a acheté le même pull en trois exemplaires ; elle a dépensé plus d'argent que la personne A.
La personne B affirme qu'un pull coûte 25 €.
A-t-elle raison ?

Comparer, calculer et résoudre des problèmes • CORRIGÉ (6)

LES CLÉS DU SUJET

● L'intérêt du sujet

Avec ce QCM, tu peux vérifier que tu connais les principales notions se rapportant au calcul numérique.

● Nos coups de pouce, question par question

▶ 1. Calculer une probabilité simple	On est dans une situation d'équiprobabilité, donc chaque diviseur de 6 a la même chance de se réaliser.
▶ 2. Utiliser la notion de multiple	Fais apparaître les facteurs de a dans l'expression de b.
▶ 3. Calculer une hausse en pourcentage	• Dresse un tableau de proportionnalité du type : <table><tr><td>Hausse du nb de licenciées entre 2014 et 2016</td><td>............</td><td>x</td></tr><tr><td>Nb de licenciées en 2014</td><td>............</td><td>100</td></tr></table> • Calcule alors la valeur de x et conclus.
▶ 4. Résoudre un problème	Teste si, avec le prix proposé, la personne B dépense plus que la personne A.

6 CORRIGÉ GUIDÉ

▶ **1.** Affirmation vraie.

Les diviseurs de 6, compris entre 1 et 6 sont :
1 ; 2 ; 3 ; 6. On a donc 4 chances sur 6 d'obtenir un diviseur de 6.

Or : $\dfrac{4}{6} = \dfrac{2}{3}$.

ATTENTION !
Une fraction doit toujours être présentée sous une forme irréductible.

Comparer, calculer et résoudre des problèmes • CORRIGÉ 6

▶ **2.** Affirmation vraie.

On a : $b = 2 \times 3^5 \times 7^2 = 2 \times 3 \times 7 \times (3^4 \times 7) = 42 \times a$.

Donc b est un multiple de a.

▶ **3.** Affirmation vraie.

Il s'agit de déterminer x dans le tableau de proportionnalité suivant :

Hausse entre 2014 et 2016 du nombre de licenciées	98 800 – 76 000 = 22 800	x
Nombre de licenciées en 2014	76 000	100

Par le produit en croix, on a : $x = \dfrac{22\,800 \times 100}{76\,000} = 30$.

Donc le pourcentage d'augmentation du nombre de licenciées entre 2014 et 2016 est 30 %.

▶ **4.** Affirmation fausse.

Supposons que le pull coûte bien 25 €.

La personne A aurait dépensé : 25 + 54 = 79 €.

La personne B aurait dépensé : 25 × 3 = 75 €.

Donc la personne B aurait dépensé moins que la personne A, ce qui est contraire aux données de l'énoncé.

Donc le pull ne peut pas coûter 25 €. Son prix est supérieur.

7 Amérique du Nord • Juin 2019

Les affirmations

EXERCICE 2 15 min — 17 points

Voici quatre affirmations. Pour chacune d'entre elles, dire si elle est vraie ou fausse. On rappelle que la réponse doit être justifiée.

▶ **1. Affirmation 1**

$\dfrac{3}{5} + \dfrac{1}{2} = \dfrac{3+1}{5+2}$.

▶ **2.** On considère la fonction $f : x \mapsto 5 - 3x$.
Affirmation 2
L'image de -1 par f est -2.

▶ **3.** On considère deux expériences aléatoires :
• expérience n° 1 : choisir au hasard un nombre entier compris entre 1 et 11 (1 et 11 inclus) ;
• expérience n° 2 : lancer un dé équilibré à six faces numérotées de 1 à 6 et annoncer le nombre qui apparaît sur la face du dessus.
Affirmation 3
Il est plus probable de choisir un nombre premier dans l'expérience n° 1 que d'obtenir un nombre pair dans l'expérience n° 2.

▶ **4. Affirmation 4**
Pour tout nombre x : $(2x + 1)^2 - 4 = (2x + 3)(2x - 1)$.

Comparer, calculer et résoudre des problèmes • **SUJET 7**

LES CLÉS DU SUJET

● L'intérêt du sujet

Cet exercice te permet de vérifier tes connaissances en calcul numérique et littéral.

● Nos coups de pouce, question par question

▶ **1. Additionner des fractions de dénominateurs différents**
- Calcule d'une part $\dfrac{3}{5} + \dfrac{1}{2}$, puis $\dfrac{3+1}{5+2}$ d'autre part.
- Compare les résultats et conclus.

▶ **2. Calculer l'image d'un nombre par une fonction**
Remplace x par -1 dans l'expression de f et regarde si tu trouves -2.

▶ **3. Calculer des probabilités simples**
Trouve la probabilité d'obtenir un nombre premier dans l'expérience n° 1 puis la probabilité d'obtenir un nombre pair dans l'expérience n° 2. Compare ensuite les fractions obtenues et conclus.

● Les étapes de résolution pour la question 4

Développer à l'aide d'une identité remarquable et de la double distributivité

❶ Développe $(2x + 1)^2$ à l'aide de l'identité remarquable : $(a + b)^2 = a^2 + b^2 + 2ab$.

❷ Développe $(2x + 3)(2x - 1)$ à l'aide de la formule de la double distributivité : $(a + b)(c + d) = ac + ad + bc + bd$.

❸ Réduis chaque membre de gauche et de droite.

❹ Conclus en regardant s'ils sont égaux.

▶ **1.** $\dfrac{3}{5} + \dfrac{1}{2} = \dfrac{6}{10} + \dfrac{5}{10} = \dfrac{11}{10} = \dfrac{77}{70}$

Cependant : $\dfrac{3+1}{5+2} = \dfrac{4}{7} = \dfrac{40}{70}$.

Donc l'affirmation est fausse.

ATTENTION !
Pour additionner deux fractions, il faut les mettre au même dénominateur.

▶ **2.** $f(-1) = 5 - 3 \times (-1) = 5 + 3 = 8 \neq -2$

Donc l'affirmation est fausse.

▶ **3.** • Les nombres premiers compris entre 1 et 11 sont : 2 ; 3 ; 5 ; 7 et 11.
Donc la probabilité de tirer un nombre premier avec l'expérience n° 1 est de $\dfrac{5}{11}$.

RAPPEL
Un nombre premier est un nombre qui n'est divisible que par 1 et lui-même.

• Les nombres pairs compris entre 1 et 6 sont : 2 ; 4 et 6.
Donc la probabilité de tirer un nombre pair avec l'expérience n° 2 est de $\dfrac{3}{6}$.

Or $\dfrac{5}{11} = \dfrac{30}{66}$ et $\dfrac{3}{6} = \dfrac{33}{66}$.

Donc l'affirmation est fausse.

▶ **4.** On développe chaque membre de l'expression :
$(2x+1)^2 - 4 = 4x^2 + 4x + 1 - 4 = 4x^2 + 4x - 3$
$(2x+3)(2x-1) = 4x^2 - 2x + 6x - 3 = 4x^2 + 4x - 3$
Les deux expressions sont égales donc l'affirmation est vraie.

REMARQUE
Tu peux aussi factoriser $(2x+1)^2 - 4$ à l'aide de l'identité remarquable $a^2 - b^2 = (a+b)(a-b)$.

8 Asie • Juin 2018

QCM

EXERCICE 3 15 min — 12 points

Cet exercice est un QCM (questionnaire à choix multiples).
Dans chaque cas, une seule réponse est correcte.

Pour chacune des questions, écrire sur la copie le numéro de la question et la lettre de la bonne réponse. Aucune justification n'est attendue.

	Questions	Réponse A	Réponse B	Réponse C
1	L'écriture décimale du nombre $5,3 \times 10^5$ est :	530 000	5,300 000	5 300 000
2	Un dé équilibré a six faces numérotées de 1 à 6. On souhaite le lancer une fois. La probabilité d'obtenir un diviseur de 20 est :	$\dfrac{2}{3}$	$\dfrac{4}{20}$	$\dfrac{1}{2}$
3	L'égalité $(x+5)^2 = x^2 + 25$:	n'est vraie pour aucune valeur de x	est vraie pour une valeur de x	est vraie pour toute valeur de x
4	On veut remplir des bouteilles contenant chacune $\dfrac{3}{4}$ L. Avec 12 L, on peut remplir :	9 bouteilles	12 bouteilles	16 bouteilles

LES CLÉS DU SUJET

● L'intérêt du sujet

Dans ce QCM, on ne te demande pas de justifier tes réponses. Mais tu peux utiliser les explications de notre corrigé pour progresser.

● Nos coups de pouce, question par question

▶ **1.** Donner l'écriture décimale d'un nombre en écriture scientifique

- L'exposant te donne le nombre de « crans de décalage » de la virgule vers la droite.
- L'écriture scientifique d'un nombre est de la forme $a \times 10^n$ où a est un nombre décimal dont la partie entière est comprise entre 1 et 9.

Comparer, calculer et résoudre des problèmes • CORRIGÉ 8

▶ 2. Calculer des probabilités simples	Rappelle-toi que dans une situation d'équiprobabilité : $p(\text{« événement »}) = \dfrac{\text{nombre d'issues réalisant cet événement}}{\text{nombre total d'issues}}$.
▶ 3. Développer une identité remarquable	Utilise la formule : $(a+b)^2 = a^2 + b^2 + 2ab$. C'est une application de la double distributivité avec $(a+b)^2 = (a+b)(a+b)$.
▶ 4. Multiplier un nombre par une fraction	Aide-toi d'un tableau de proportionnalité.

8 CORRIGÉ GUIDÉ

▶ **1.** La bonne réponse est la réponse A.
L'écriture décimale de $5{,}3 \times 10^5$ est 530 000.

▶ **2.** La bonne réponse est la réponse A.
Les diviseurs de 20 sont 1 ; 2 ; 4 et 5. La probabilité d'obtenir un diviseur de 20 est donc $\dfrac{4}{6}$ soit $\dfrac{2}{3}$.

▶ **3.** La bonne réponse est la réponse B.
L'équation, une fois l'identité remarquable développée, est :

$$x^2 + 10x + 25 = x^2 + 25$$
$$10x = 0$$
$$x = 0$$

> **RAPPEL**
> $(a+b)^2 = a^2 + 2ab + b^2$.

▶ **4.** La bonne réponse est la réponse C.
On peut s'aider d'un tableau de proportionnalité :

Nombre de litres	Nombres de bouteilles remplies
$\dfrac{3}{4}$	1
12	x

$x = (12 \times 1) : \dfrac{3}{4} = 16$ bouteilles.

9 Amérique du Nord • Juin 2019

Le gaspillage alimentaire

EXERCICE 3

15 min
12 points

Le diagramme ci-dessous représente, pour six pays, la quantité de nourriture gaspillée (en kg) par habitant en 2010.

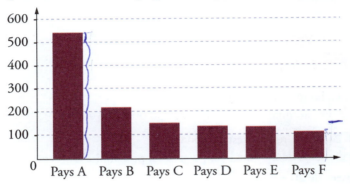

Quantité de nourriture gaspillée en kg par habitant en 2010

▶ **1.** Donner approximativement la quantité de nourriture gaspillée par un habitant du pays D en 2010.

▶ **2.** Peut-on affirmer que le gaspillage de nourriture d'un habitant du pays F représente environ un cinquième du gaspillage de nourriture d'un habitant du pays A ?

Comparer, calculer et résoudre des problèmes • SUJET 9

▶ **3.** On veut rendre compte de la quantité de nourriture gaspillée pour d'autres pays. On réalise alors le tableau ci-dessous à l'aide d'un tableur.
Rappel : 1 tonne = 1 000 kg.

	A	B	C	D
1		Quantité de nourriture gaspillée par habitant en 2010 (en kg)	Nombre d'habitants en 2010 (en millions)	Quantité totale de nourriture gaspillée (en tonnes)
2	Pays X	345	10,9	3 760 500
3	Pays Y	212	9,4	
4	Pays Z	135	46,6	

a) Quelle est la quantité totale de nourriture gaspillée par les habitants du pays X en 2010 ?
b) Voici trois propositions de formule, recopier sur votre copie celle qu'on a saisie dans la cellule D2 avant de l'étirer jusqu'en D4.

Proposition 1	Proposition 2	Proposition 3
=B2*C2*1000000	=B2*C2	=B2*C2*1000

LES CLÉS DU SUJET

● L'intérêt du sujet

Le gaspillage alimentaire est un enjeu de développement durable primordial dans nos sociétés modernes.

● Nos coups de pouce, question par question

▶ **1.** Lire un diagramme en barres	Observe que la hauteur de la barre correspondant au pays D dépasse un peu la graduation 100.
▶ **2.** Calculer une fraction d'une quantité	• Lis, sur le diagramme, les quantités de nourriture gaspillée par les pays A et F. • Regarde si $\frac{1}{5}$ de la quantité trouvée pour le pays A correspond bien à la quantité gaspillée par le pays F.
▶ **3.** Écrire une formule avec un tableur	**a)** Lis le nombre de la cellule D2. **b)** Écris le nombre en C2 en écriture décimale, puis calcule le nombre de kilogrammes de nourriture gaspillée par le pays X. Convertis le résultat trouvé en tonnes.

Comparer, calculer et résoudre des problèmes • CORRIGÉ 9

9 CORRIGÉ **GUIDÉ**

▶ **1.** Par lecture, on voit que la quantité de nourriture gaspillée par un habitant du pays D est d'environ 140 kg.

▶ **2.** La quantité de nourriture gaspillée par un habitant du pays F est d'environ 110 kg.
La quantité de nourriture gaspillée par un habitant du pays A est d'environ 545 kg.

$545 \times \dfrac{1}{5} = 109$

Donc on peut affirmer que le gaspillage de nourriture d'un habitant du pays F représente environ un cinquième du gaspillage de nourriture d'un habitant du pays A.

▶ **3. a)** La quantité totale de nourriture gaspillée par les habitants du pays X en 2010 est de 3 760 500 tonnes.

b) La formule à saisir est : =B2*C2*1000

Asie • Juin 2019

Les gaz à effet de serre

EXERCICE 2

15 min
11 points

Le tableau ci-dessous présente les émissions de gaz à effet de serre pour la France et l'Union Européenne, en millions de tonnes équivalent CO_2, en 1990 et 2013.

	1990 (en millions de tonnes équivalent CO_2)	2013 (en millions de tonnes équivalent CO_2)
France	549,4	490,2
Union européenne	5 680,9	

Source : Agence européenne pour l'environnement, 2015.

▶ **1.** Entre 1990 et 2013, les émissions de gaz à effet de serre dans l'Union Européenne ont diminué de 21 %.
Quelle est la quantité de gaz à effet de serre émise en 2013 par l'Union Européenne ?
Donner une réponse à 0,1 million de tonnes équivalent CO_2 près.

▶ **2.** La France s'est engagée d'ici 2030 à diminuer de $\frac{2}{5}$ ses émissions de gaz à effet de serre par rapport à 1990.
Justifier que cela correspond pour la France à diminuer d'environ $\frac{1}{3}$ ses émissions de gaz à effet de serre par rapport à 2013.

Comparer, calculer et résoudre des problèmes • SUJET 10

LES CLÉS DU SUJET

● L'intérêt du sujet

Le tableau inclus dans l'exercice permet d'évaluer les efforts des pays de l'UE, dont la France, pour réduire les gaz à effet de serre.

● Nos coups de pouce, question par question

▶ **1. Calculer une baisse en pourcentage**

Pour calculer la valeur obtenue après une baisse de 21 %, tu dois appliquer la formule :

valeur de départ $\times \left(1 - \dfrac{21}{100}\right)$.

▶ **2. Calculer une fraction d'une quantité**

- Pour calculer une fraction d'une quantité, multiplie la fraction par la quantité.
- Suis les étapes du schéma ci-dessous pour répondre à cette question.

● Les étapes de résolution pour la question 2

Calculer une fraction d'une quantité

❶ Commence par calculer ce que représente une réduction de $\dfrac{2}{5}$ des émissions de l'année 1990.

❷ Calcule ensuite ce que représente une réduction de $\dfrac{1}{3}$ des émissions de 2013.

❸ Compare les résultats obtenus et conclus.

Comparer, calculer et résoudre des problèmes • CORRIGÉ

10 CORRIGÉ GUIDÉ

▶ **1.** Si la quantité de gaz à effet de serre baisse de 21 % entre 1990 et 2013 dans l'UE, elle devient :
$$5\ 680{,}9 \times \left(1 - \frac{21}{100}\right) = 4\ 487{,}9.$$

> **RAPPEL**
> Pour calculer une baisse de x %, on multiplie la valeur initiale par $(1 - x\ \%)$.

La quantité de gaz à effet de serre émise par l'UE en 2013 est d'environ 4 487,9 millions de tonnes équivalent CO_2.

▶ **2.** Si la France réduisait de $\frac{2}{5}$ ses émissions de 1990, la diminution des émissions de gaz à effet de serre en tonnes équivalent CO_2 serait de :
$$549{,}4 \times \frac{2}{5} = 219{,}76.$$
Or, $549{,}4 - 219{,}76 = 329{,}64$.

La France ne produirait alors plus que 329,64 millions de tonnes équivalent CO_2 de gaz à effet de serre.

Si la France réduisait de $\frac{1}{3}$ ses émissions de 2013, la diminution des émissions de gaz à effet de serre en tonnes équivalent CO_2 serait de :
$$490{,}2 \times \frac{1}{3} = 163{,}4.$$
Or, $490{,}2 - 163{,}4 = 326{,}8$.

La France ne produirait alors plus que 326,8 millions de tonnes équivalent CO_2 de gaz à effet de serre.

On constate que ces deux opérations donnent sensiblement les mêmes résultats.

11 Centres étrangers • Juin 2019

QCM très varié

EXERCICE 1 15 min — 15 points

Cet exercice est un questionnaire à choix multiples (QCM). Pour chaque question, une seule des trois réponses proposées est exacte. Une bonne réponse rapporte 3 points ; aucun point ne sera enlevé en cas de mauvaise réponse.

Questions	Réponse A	Réponse B	Réponse C
▶ **1.** Quelle est la décomposition en produit de facteurs premiers de 28 ?	4×7	2×14	$2^2 \times 7$
▶ **2.** Un pantalon coûte 58 €. Quel est son prix en € après une réduction de 20 % ?	38	46,40	57,80
▶ **3.** Quelle est la longueur en m du côté [AC], arrondie au dixième près ? (triangle rectangle en A, angle en B = 15°, BA = 25 m)	6,5	6,7	24,1
▶ **4.** Quelle est la médiane de la série statistique suivante ? 2 ; 5 ; 3 ; 12 ; 8 ; 6.	5,5	6	10
▶ **5.** Quel est le rapport de l'homothétie qui transforme le carré A en carré B ?	−0,5	0,5	2

Comparer, calculer et résoudre des problèmes • **SUJET 11**

LES CLÉS DU SUJET

● L'intérêt du sujet

Utilise ce QCM pour tester tes connaissances dans des domaines bien précis, mais très différents.

● Nos coups de pouce, question par question

▶ **1. Décomposer un nombre en produit de facteurs premiers**
Cherche tous les nombres premiers diviseurs de 28.
Tu peux utiliser un algorithme.

▶ **2. Calculer la réduction d'un prix par un pourcentage donné**
• Calcule le montant de la réduction de 20 % sur le prix du pantalon, c'est-à-dire sur 58 euros.
• Soustrais ensuite le montant de la réduction au prix total du pantalon.

▶ **3. Calculer la mesure d'un côté de l'angle droit**
Utilise la trigonométrie et plus précisément calcule $\tan \widehat{ABC}$.

▶ **4. Calculer la médiane d'une série de nombres**
Rappelle-toi que la médiane d'une série est un nombre qui permet de partager la population étudiée en deux ensembles de même effectif.

▶ **5. Déterminer un rapport d'homothétie**
• Souviens-toi que, dans une homothétie, son centre, un point et son image sont alignés ; regarde comment sont disposés ces trois points.
• Regarde sur le dessin s'il s'agit d'un agrandissement ou d'une réduction.

Comparer, calculer et résoudre des problèmes • CORRIGÉ 11

11 CORRIGÉ GUIDÉ

▶ **1.** La bonne réponse est la réponse C.
En effet, nous avons $28 = 2 \times 2 \times 7$ ou encore $28 = 2^2 \times 7$.

▶ **2.** La bonne réponse est la réponse B.
En effet le montant de la réduction est $\dfrac{20}{100} \times 58$ soit 11,6 euros.
Après réduction le pantalon coûte donc $(58 - 11{,}6)$ soit 46,4 euros.

▶ **3.** La bonne réponse est la réponse B.
Dans le triangle ABC rectangle en A, nous avons $\tan \widehat{ABC} = \dfrac{AC}{AB}$ ou encore
$AC = AB \tan \widehat{ABC}$.

> **RAPPEL**
> $\tan \widehat{ABC} = \dfrac{\text{côté opposé}}{\text{côté adjacent}}$.

Alors $AC = 25 \tan(15°)$ soit $AC = 6{,}7$ m valeur arrondie au dixième près.

▶ **4.** La bonne réponse est la réponse A.
La médiane M d'une série statistique est la valeur qui partage la série statistique rangée par ordre croissant (ou décroissant) en deux parties de même effectif.
Série statistique rangée en ordre croissant : $2 - 3 - 5 - 6 - 8 - 12$.
Avant et après 5,5 il existe 3 termes. Donc $M = 5{,}5$.

▶ **5.** La bonne réponse est la réponse A.
En effet :
- les points P, O et P' sont alignés ;
- $OP' = 0{,}5 \times OP$;
- le point O est situé sur le segment [PP'].

Le carré A est transformé en le carré B par une homothétie de rapport $-0{,}5$.

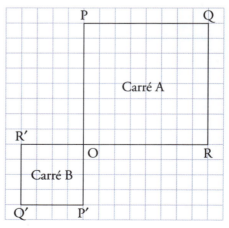

56

12 Polynésie française • Juillet 2019

Les JO de Rio

EXERCICE 6

Le tableau ci-dessous regroupe les résultats de la finale du 200 m hommes des Jeux Olympiques de Rio de Janeiro en 2016, remportée par Usain Bolt en 19,78 secondes.

Rang	Athlète	Nation	Performance en seconde
1	U. Bolt	Jamaïque	19,78
2	A. De Grasse	Canada	20,02
3	C. Lemaître	France	20,12
4	A. Gemili	Grande-Bretagne	20,12
5	C. Martina	Hollande	20,13
6	L. Merritt	USA	20,19
7	A. Edward	Panama	20,23
8	R. Guliyev	Turquie	20,43

▶ **1.** Calculer la vitesse moyenne en m/s de l'athlète le plus rapide. Arrondir au centième.

▶ **2.** Calculer la moyenne des performances des athlètes. Arrondir au centième.

▶ **3.** En 1964, à Tokyo, la moyenne des performances des athlètes sur le 200 m hommes était de 20,68 s et l'étendue était de 0,6 s. En comparant ces résultats à ceux de 2016, qu'observe-t-on ?

Comparer, calculer et résoudre des problèmes • CORRIGÉ (12)

LES CLÉS DU SUJET

● L'intérêt du sujet
Cet exercice te fait entrer dans l'univers des JO en analysant des performances d'athlètes.

● Nos coups de pouce, question par question

▶ **1. Calculer une vitesse moyenne** — La vitesse moyenne s'obtient en divisant la distance parcourue par le temps mis.

▶ **2. Calculer une moyenne arithmétique** — Pour calculer une moyenne arithmétique, ajoute toutes les valeurs puis divise le tout par le nombre de valeurs.

▶ **3. Calculer une étendue** — Pour calculer une étendue, soustrais la plus petite valeur à la plus grande.

12 CORRIGÉ GUIDÉ

▶ **1.** Usain Bolt a parcouru 200 m en 19,78 s, d'où sa vitesse moyenne :
$$V = \frac{d}{t} = \frac{200}{19,78}.$$
Au centième près :
$$\boxed{V \approx 10,11 \text{ m/s}}.$$

▶ **2.**
$$\frac{19,78+20,02+20,12+20,12+20,13+20,19+20,23+20,43}{8} = 20,13$$
La moyenne des performances des athlètes est de 20,13 s environ.

▶ **3.** L'étendue des performances des athlètes aux JO de 2016 est :
$$20,43 - 19,78 = 0,65 \text{ s}.$$
On constate que l'étendue des performances des athlètes reste globalement stable, mais que leur vitesse moyenne a baissé entre 1964 et 2016.

13 Centres étrangers • Juin 2018

Vrai ou faux ?

EXERCICE 1

Pour chacune des affirmations suivantes, dire si elle est vraie ou fausse en justifiant soigneusement la réponse.

▶ **1.** La récolte de la lavande débute lorsque les trois quarts des fleurs au moins sont fanées. Le producteur a cueilli un échantillon de lavande représenté par le dessin suivant :

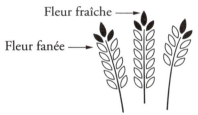

Affirmation 1 : la récolte peut commencer.

▶ **2.** En informatique, on utilise comme unités de mesure les multiples de l'octet :
1 ko = 10^3 octets, 1 Mo = 10^6 octets, 1 Go = 10^9 octets.
Contenu du disque dur externe :
– 1 000 photos de 900 ko chacune ;
– 65 vidéos de 700 Mo chacune.
Affirmation 2 : le transfert de la totalité du contenu du disque dur externe vers l'ordinateur n'est pas possible.

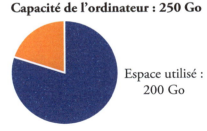

▶ **3.** On considère le programme de calcul ci-dessous :
• Choisir un nombre.
• Ajouter 5.
• Multiplier le résultat obtenu par 2.
• Soustraire 9.
Affirmation 3 : ce programme donne pour résultat la somme de 1 et du double du nombre choisi.

Comparer, calculer et résoudre des problèmes • SUJET 13

LES CLÉS DU SUJET

● L'intérêt du sujet

La question 1 utilise les pourcentages pour déterminer si les conditions sont remplies pour une cueillette de lavande. La question 2 permet de calculer s'il reste assez de place sur un ordinateur pour y transférer le contenu d'un disque dur externe.

● Nos coups de pouce, question par question

| ▶ 1. Savoir calculer un pourcentage | Bâtis un tableau de proportionnalité : |

	Effectifs	Total
Nombre de fleurs fanées	29	p
Nombre total de fleurs	37	100

Calcule alors p à l'aide d'un produit en croix.

| ▶ 2. Calculer la taille des espaces utilisés et convertir | • Choisis l'unité dans laquelle tu vas faire tes calculs et n'oublie pas d'effectuer toutes les conversions nécessaires.
• Pour commencer, calcule la taille de l'espace libre sur l'ordinateur.
• Calcule ensuite l'espace utilisé sur le disque dur externe. |

| ▶ 3. Savoir utiliser des nombres pour résoudre un problème concret | • Effectue successivement et dans l'ordre indiqué les différents calculs du programme.
• Utilise éventuellement des parenthèses. |

Comparer, calculer et résoudre des problèmes • CORRIGÉ

13 CORRIGÉ GUIDÉ

▶ **1.** La récolte de lavande peut commencer lorsque les trois quarts des fleurs au moins, c'est-à-dire au moins 75 %, sont fanées.
Sur le dessin nous pouvons compter 37 fleurs dont 29 sont fanées.
Notons p le pourcentage de fleurs fanées.

Alors $p = \dfrac{29}{37} \times 100$ soit environ 78,4 %. Ce pourcentage est supérieur à 75 %. La récolte peut donc commencer.

Conclusion : l'affirmation 1 est vraie.

▶ **2.** Utilisons l'octet comme unité de mesure.
Calculons en octets l'espace utilisé sur le disque dur externe.

$C = 1\,000 \times 900 \times 10^3 + 65 \times 700 \times 10^6$

$ = 0,9 \times 10^9 + 45,5 \times 10^9$

$ = 46,4 \times 10^9$ octets,

soit $C = 46{,}4$ Go puisque 1 Go = 10^9 octets.
Calculons la taille de l'espace libre C' sur l'ordinateur.
$C' = 250 - 200$ soit $C' = 50$ Go. Nous remarquons que $C' > C$.
Conclusion : l'affirmation 2 est fausse.

ATTENTION !
Il faut choisir une unité commune pour tous les calculs : l'octet, par exemple.

▶ **3.** Choisissons le nombre x.
- On lui ajoute 5 : on obtient $x + 5$.
- On multiplie le résultat par 2 : on trouve $2(x + 5)$, soit $2x + 10$.
- On soustrait 9 : on obtient $2x + 1$.

Le résultat final est bien égal à la somme de 1 et du double du nombre choisi.

Conclusion : l'affirmation 3 est vraie.

14 Amérique du Nord • Juin 2018

Abonnements Internet

EXERCICE 1

15 min
14 points

Le tableau ci-dessous a été réalisé à l'aide d'un tableur.
Il indique le nombre d'abonnements Internet à haut débit et à très haut débit entre 2014 et 2016, sur réseau fixe, en France.

	A	B	C	D
1		2014	2015	2016
2	Nombre d'abonnements Internet à haut débit (en millions)	22,855	22,630	22,238
3	Nombre d'abonnements Internet à très haut débit (en millions)	3,113	4,237	5,446
4	Total (en millions)	25,968	26,867	27,684

Sources : Arcep et Statistica.

▶ **1.** Combien d'abonnements Internet à très haut débit, en millions, ont été comptabilisés pour l'année 2016 ?

▶ **2.** Vérifier qu'en 2016, il y avait 817 000 abonnements Internet à haut débit et à très haut débit de plus qu'en 2015.

▶ **3.** Quelle formule a-t-on pu saisir dans la cellule B4 avant de la recopier vers la droite, jusqu'à la cellule D4 ?

▶ **4.** En 2015, seulement 5,6 % des abonnements Internet à très haut débit utilisaient la fibre optique. Quel nombre d'abonnements Internet à très haut débit cela représentait-il ?

LES CLÉS DU SUJET

● L'intérêt du sujet

Avec le développement d'Internet, les sociétés de fournisseurs d'accès ont diversifié peu à peu leurs offres et les vitesses de connexion se sont ainsi considérablement accélérées. Dans cet exercice, portant sur différents types d'abonnements internet, tu vas essentiellement travailler tes compétences en tableur et en lecture de données.

Comparer, calculer et résoudre des problèmes • CORRIGÉ 14

● Nos coups de pouce, question par question

▶ 1. et ▶ 2. Lire un tableau de données	▶ 1. Lis le nombre de la cellule D3 et écris-le sous forme décimale. ▶ 2. Soustrais les nombres des cellules D4 et C4.
▶ 3. Écrire une formule avec un tableur	• Ajoute les nombres des cellules B2 et B3. • En B4 doit figurer le nombre total d'abonnements Internet.
▶ 4. Prendre un pourcentage d'une quantité	Pour calculer une fraction d'une quantité, multiplie la fraction par la quantité.

S'ENTRAÎNER

14 CORRIGÉ GUIDÉ

▶ **1.** Il y a eu $\boxed{5\ 446\ 000}$ abonnements Internet très haut débit en 2016.

▶ **2.** En 2016, il y a eu 27 684 000 − 26 867 000 = $\boxed{817\ 000}$ abonnements haut et très haut débit de plus qu'en 2015.

▶ **3.** On a tapé la formule : $\boxed{= B2 + B3}$.

▶ **4.** Il y a eu $\dfrac{5,6}{100} \times 4\ 237\ 000 = \boxed{237\ 272}$ abonnements très haut débit qui utilisaient la fibre optique en 2015.

ATTENTION !
Une formule de tableur commence par un « = ».

15 France métropolitaine • Juillet 2019

Le trésor

EXERCICE 1

Le capitaine d'un navire possède un trésor constitué de 69 diamants, 1 150 perles et 4 140 pièces d'or.

▶ **1.** Décomposer 69 ; 1 150 et 4 140 en produits de facteurs premiers.

▶ **2.** Le capitaine partage équitablement le trésor entre les marins. Combien y a-t-il de marins sachant que toutes les pièces, perles et diamants ont été distribués ?

LES CLÉS DU SUJET

● L'intérêt du sujet

Travaille l'arithmétique à travers un cas concret de partage d'argent !

● Nos coups de pouce, question par question

▶ **1. Décomposer un nombre en produit de facteurs premiers** — Décompose chaque nombre comme produit de nombres premiers en commençant par 2, puis 3, puis 5…

▶ **2. Calculer un PGCD** — Regarde quel nombre est commun aux trois décompositions.

CORRIGÉ GUIDÉ

▶ **1.** $69 = 3 \times 23$
$1\,150 = 2 \times 575 = 2 \times 5 \times 115 = 2 \times 5^2 \times 23$
$4\,140 = 2 \times 2\,070 = 2^2 \times 1\,035 = 2^2 \times 3 \times 345 = 2^2 \times 3^2 \times 115$
$= 2^2 \times 3^2 \times 5 \times 23$

▶ **2.** Le facteur commun aux trois nombres est 23.
Donc PGCD(69 ; 1 150 ; 4 140) = 23.

Il y a donc 23 marins.

16 — Amérique du Sud • Novembre 2017

Affirmations

EXERCICE 4

15 min
7,5 points

Indiquer, en justifiant, si chacune des affirmations suivantes est vraie ou fausse.

▶ **1. Affirmation 1** : « Les nombres 11 et 13 n'ont aucun multiple commun. »

▶ **2. Affirmation 2** : « Le nombre 231 est un nombre premier. »

▶ **3. Affirmation 3** : « $\dfrac{2}{15}$ est le tiers de $\dfrac{6}{15}$. »

▶ **4. Affirmation 4** : « $15 - 5 \times 7 + 3 = 73$. »

▶ **5. Affirmation 5** : « Le triangle ABC avec AB = 4,5 cm, BC = 6 cm et AC = 7,5 cm est rectangle en B. »

LES CLÉS DU SUJET

● L'intérêt du sujet

Cet exercice te permet de vérifier tes connaissances dans le domaine du calcul numérique.

● Nos coups de pouce, question par question

▶ **1. Connaître la notion de multiple d'un nombre**	Un multiple d'un entier x est un nombre qui est dans la table des x. Tout couple de nombres entiers a au moins un multiple commun : leur produit.
▶ **2. Connaître la notion de nombre premier**	Un nombre premier est un nombre différent de 1, divisible uniquement par 1 et par lui-même.
▶ **3. Multiplier des fractions**	Pour multiplier deux fractions, multiplie les numérateurs entre eux et les dénominateurs entre eux.

Utiliser la divisibilité et les nombres premiers • CORRIGÉ 16

▶ **4. Calculer avec des nombres entiers et maîtriser les priorités opératoires**
- Rappelle-toi que la multiplication est prioritaire sur la soustraction.
- Pour ajouter deux nombres de signes contraires, on garde le signe du nombre qui a la plus grande distance à zéro et on soustrait les distances à zéro.

▶ **5. Utiliser la réciproque du théorème de Pythagore**
Pour savoir si un triangle est rectangle, utilise la réciproque du théorème de Pythagore.

16 CORRIGÉ GUIDÉ

▶ **1.** Affirmation fausse.

$11 \times 13 = 143$ est un nombre à la fois dans la table des 11 et dans la table des 13. 143 est donc un multiple commun à 11 et 13.

▶ **2.** Affirmation fausse.

La somme des chiffres de 231 donne : $2 + 3 + 1 = 6$.

Puisque 6 est un multiple de 3, les critères de divisibilité permettent de dire que 231 l'est aussi. Donc 231 a un diviseur autre que 1 et lui-même et il n'est pas premier.

RAPPEL
Pense aux critères de divisibilité.

▶ **3.** Affirmation vraie.

$\dfrac{6}{15} \times \dfrac{1}{3} = \dfrac{2}{15}$.

▶ **4.** Affirmation fausse.

$15 - 5 \times 7 + 3 = 15 - 35 + 3 = -20 + 3 = -17$.

▶ **5.** Affirmation vraie.

[AC] est le plus grand côté.
$AC^2 = 7{,}5^2 = 56{,}25$
$AB^2 + BC^2 = 4{,}5^2 + 6^2 = 20{,}25 + 36 = 56{,}25$
Donc : $AB^2 + BC^2 = AC^2$.

Ainsi d'après la réciproque du théorème de Pythagore, ABC est rectangle en B.

ATTENTION
N'oublie pas de séparer les calculs dans la rédaction de la réciproque du théorème de Pythagore.

17 France métropolitaine • Septembre 2019

Décompositions

EXERCICE 2   15 min — 14 points

▶ **1. a)** Déterminer la décomposition en produit de facteurs premiers de 2 744.
b) En déduire la décomposition en produit de facteurs premiers de $2\,744^2$.
c) À l'aide de cette décomposition, trouver x tel que $x^3 = 2\,744^2$.

▶ **2.** Soient a et b deux nombres entiers supérieurs à 2 tels que $a^3 = b^2$.
a) Calculer b lorsque $a = 100$.
b) Déterminer deux nombres entiers a et b supérieurs à 2 et inférieurs à 10 qui vérifient l'égalité $a^3 = b^2$.

LES CLÉS DU SUJET

● L'intérêt du sujet

Cet exercice te permet de vérifier tes connaissances dans le domaine de l'arithmétique et des puissances.

● Nos coups de pouce, question par question

▶ **1. a)** Décomposer un nombre en produit de facteurs premiers
Vois si le nombre est divisible par 2, puis par 3, puis par 5…

b) et c) Calculer avec des puissances
Utilise les formules $(a \times b)^n = a^n \times b^n$ et $(a^m)^n = a^{mn}$.

▶ **2. a)** Utiliser les règles de calculs avec les puissances
Tu as à résoudre une équation carrée, pense à la racine carrée.

b) Résoudre un problème
Dresse un tableau de valeurs de tous les cas possibles avec a allant de 2 à 10.

CORRIGÉ GUIDÉ

▶ **1. a)** $2\,744 = 2 \times 2 \times 2 \times 343 = 2^3 \times 7 \times 7 \times 7$

D'où :
$$\boxed{2\,744 = 2^3 \times 7^3}.$$

b) D'après **a)** :
$$2\,744^2 = (2^3 \times 7^3)^2$$
$$\boxed{2\,744^2 = 2^6 \times 7^6}.$$

c) Soit x tel que $x^3 = 2\,744^2$, alors :
$$x^3 = (2^3 \times 7^3)^2 = (2^2 \times 7^2)^3$$

donc :
$$\boxed{x = 2^2 \times 7^2 = 196}.$$

▶ **2. a)** Si $a^3 = b^2$ avec $a = 100$ et $b > 2$, alors :
$$100^3 = b^2$$
$$b^2 = 1\,000\,000$$
$$b = \sqrt{1\,000\,000}$$
$$\boxed{b = 1\,000}.$$

b) Dressons un tableau de tous les cas possibles :

Valeur de a	Valeur de a^3	Valeur de b	Valeur de b^2
2	8	2	4
3	27	3	9
4	64	4	16
5	125	5	25
6	216	6	36
7	343	7	49
8	512	8	64
9	729	9	81
10	1 000	10	100

Donc les valeurs qui conviennent sont :
$$\boxed{a = 4 \text{ et } b = 8}.$$

18 — Nouvelle-Calédonie • Décembre 2018

Les barquettes de nems et samossas

EXERCICE 3

15 min
18 points

▶ **1.** Décomposer les nombres 162 et 108 en produits de facteurs premiers.

▶ **2.** Déterminer deux diviseurs communs aux nombres 162 et 108 plus grands que 10.

▶ **3.** Un snack vend des barquettes composées de nems et de samossas. Le cuisinier a préparé 162 nems et 108 samossas.
Dans chaque barquette :
– le nombre de nems doit être le même ;
– le nombre de samossas doit être le même.
Tous les nems et tous les samossas doivent être utilisés.
a) Le cuisinier peut-il réaliser 36 barquettes ?
b) Quel nombre maximal de barquettes pourra-t-il réaliser ?
c) Dans ce cas, combien y aura-t-il de nems et de samossas dans chaque barquette ?

LES CLÉS DU SUJET

◉ L'intérêt du sujet

Cet exercice te permet de vérifier tes connaissances dans le domaine de l'arithmétique.

Utiliser la divisibilité et les nombres premiers • CORRIGÉ 18

◾◉ Nos coups de pouce, question par question

| ▶ 1. Décomposer un nombre en produit de facteurs premiers | Vérifie si le nombre est divisible :
– par 2 ;
– par 3 ;
– par 5… |

| ▶ 2. Trouver des diviseurs d'un nombre entier | • Regarde quels sont les facteurs premiers communs à 162 et 108.
• Combine-les. |

| ▶ 3. Résoudre des problèmes d'optimisation à l'aide du PGCD | Déduis de la question 2. le PGCD de 162 et 108 : cela te donne le nombre maximal de barquettes que le cuisinier pourra réaliser. |

18 CORRIGÉ GUIDÉ

▶ **1.** $162 = 2 \times 81 = \boxed{2 \times 3^4}$

$108 = \boxed{2^2 \times 3^3}$

▶ **2.** Les diviseurs communs à 162 et 108 supérieurs à 10 sont :
$2 \times 3^2 = \boxed{18}$; $3^3 = \boxed{27}$ et $2 \times 3^3 = \boxed{54}$

a) 36 n'est pas un diviseur de 162 donc le cuisinier ne peut pas réaliser 36 barquettes.

b) Tous les nems et samossas doivent être utilisés donc on cherche un diviseur commun à 162 et 108.

Mais le cuisinier veut un nombre maximal de barquettes donc on cherche le plus grand diviseur commun à 162 et 108.

D'après la question **2.**, ce plus grand diviseur est 54.

Donc le cuisinier pourra réaliser 54 barquettes.

c) Dans chaque barquette, il y aura :
- $\dfrac{162}{54} = 3$ nems ;
- $\dfrac{108}{54} = 2$ samossas.

Schémas de calcul

EXERCICE 6

La figure ci-dessous donne un schéma d'un programme de calcul.

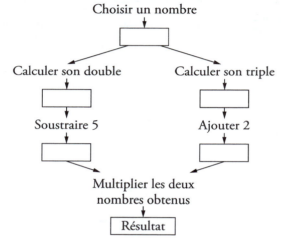

▶ **1.** Si le nombre de départ est 1, montrer que le résultat obtenu est –15.

▶ **2.** Si on choisit un nombre quelconque x comme nombre de départ, parmi les expressions suivantes, quelle est celle qui donne le résultat obtenu par le programme de calcul ? Justifier.
$A = (x^2 - 5) \times (3x + 2)$
$B = (2x - 5) \times (3x + 2)$
$C = 2x - 5 \times 3x + 2$

▶ **3.** Lily prétend que l'expression $D = (3x + 2)^2 - (x + 7)(3x + 2)$ donne les mêmes résultats que l'expression B pour toutes les valeurs de x.
L'affirmation de Lily est-elle vraie ? Justifier.

Utiliser le calcul littéral • **SUJET 19**

LES CLÉS DU SUJET

● L'intérêt du sujet

Cet exercice te permet de vérifier tes connaissances dans le domaine du calcul littéral, en particulier les programmes de calcul.

● Nos coups de pouce, question par question

▶ **1. Lire un programme de calcul et l'appliquer**

Dans la case « Choisir un nombre », indique 1 et calcule les différentes étapes à gauche et à droite, puis effectue la multiplication finale.

▶ **2. Donner l'expression générale d'un programme de calcul**

• Procède comme à la question **1.** en mettant x dans la case initiale.
• Rappel : le double d'un nombre x est $2x$; son triple est $3x$.

● Les étapes de résolution pour la question 3

Vérifier l'égalité de deux expressions

❶ Développe l'expression D à l'aide de l'identité remarquable
$(a + b)^2 = a^2 + b^2 + 2ab$
et de la double distributivité
$(a + b)(c + d) = ac + ad + bc + bd$.

❷ Développe l'expression B à l'aide de la formule de la double distributivité.

❸ Réduis chaque expression.

❹ Conclus en regardant si elles sont égales.

Utiliser le calcul littéral • **CORRIGÉ** 19

19 CORRIGÉ **GUIDÉ**

▶ **1.**

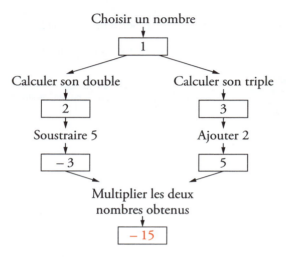

▶ **2.** Le résultat que l'on obtient est : $B = (2x-5)(3x+2)$.

▶ **3.** $D = (3x+2)^2 - (x+7)(3x+2)$
$= 9x^2 + 12x + 4 - (3x^2 + 2x + 21x + 14)$
$= 9x^2 + 12x + 4 - 3x^2 - 23x - 14$
$= 6x^2 - 11x - 10$
$B = (2x-5)(3x+2) = 6x^2 + 4x - 15x - 10$
$= 6x^2 - 11x - 10$

Donc l'affirmation de Lily est vraie.

RAPPEL
Lorsqu'il y a un signe « – » devant une parenthèse, on change les signes des termes dans la parenthèse.

20 France métropolitaine • Juin 2018

Calcul littéral

EXERCICE 5   15 min — 16 points

Voici un programme de calcul :

- Choisir un nombre
- Multiplier ce nombre par 4
- Ajouter 8
- Multiplier le résultat par 2

▶ **1.** Vérifier que si on choisit le nombre − 1, ce programme donne 8 comme résultat final.

▶ **2.** Le programme donne 30 comme résultat final, quel est le nombre choisi au départ ?

Dans la suite de l'exercice, on nomme x le nombre choisi au départ.

▶ **3.** L'expression $A = 2(4x + 8)$ donne le résultat du programme de calcul précédent pour un nombre x donné.
On pose $B = (4 + x)^2 − x^2$.
Prouver que les expressions A et B sont égales pour toutes les valeurs de x.

▶ **4.** Pour chacune des affirmations suivantes, indiquer si elle est vraie ou fausse. On rappelle que les réponses doivent être justifiées.
• **Affirmation 1** : Ce programme donne un résultat positif pour les valeurs de x.
• **Affirmation 2** : Si le nombre x choisi est un nombre entier, le résultat obtenu est un multiple de 8.

LES CLÉS DU SUJET

● L'intérêt du sujet

Cet exercice te permet de vérifier tes connaissances dans le domaine du calcul littéral, en particulier des programmes de calculs.

Utiliser le calcul littéral • CORRIGÉ 20

● Nos coups de pouce, question par question

▶ 1. Effectuer un programme de calcul	Calcule en prenant −1 comme nombre de départ.
▶ 2. Inverser un programme de calcul	Effectue les opérations inverses avec 30 en remontant le programme de calcul
▶ 3. Développer une expression	Développe les expressions A et B en utilisant les formules $(a+b)^2 = a^2 + b^2 + 2ab$ et $k(a+b) = ka + kb$.
▶ 4. Factoriser une expression littérale	**a)** Pour prouver qu'un résultat est faux, il suffit de trouver un contre-exemple. **b)** Trouve l'expression générale du programme puis factorise-la par 8.

20 CORRIGÉ GUIDÉ

▶ **1.** $((-1) \times 4 + 8) \times 2 = 4 \times 2 = 8$.
On obtient bien 8 en prenant comme nombre de départ −1.

▶ **2.** On « remonte » le programme :
$(30 \div 2 - 8) \div 4 = (15 - 8) \div 4 = 7 \div 4 = 1{,}75$.
Il faut prendre 1,75 comme nombre de départ pour obtenir 30.

▶ **3.** Développons chaque expression :
$A = 2(4x + 8) = 8x + 16$
$B = (4 + x)^2 - x^2 = 16 + 8x + x^2 - x^2 = 8x + 16$
Donc A et B sont égaux.

RAPPEL
$(4 + x)^2 = (4 + x)(4 + x)$.

▶ **4. a)** L'affirmation 1 est fausse.
Il suffit de prendre le nombre −3, on a :
$((-3) \times 4 + 8) \times 2 = (-12 + 8) \times 2 = -4 \times 2 = -8$.
Le résultat obtenu est négatif.

b) L'affirmation 2 est vraie.
Le programme s'écrit $8x + 16$ ce qui se factorise en $8(x + 2)$.
Donc les résultats obtenus sont tous multiples de 8.

21 France métropolitaine • Juin 2018

Le hand spinner

EXERCICE 7

Le *hand spinner* est une sorte de toupie plate qui tourne sur elle-même.
On donne au *hand spinner* une vitesse de rotation initiale au temps $t = 0$, puis, au cours du temps, sa vitesse de rotation diminue jusqu'à l'arrêt complet du *hand spinner*. Sa vitesse de rotation est alors égale à 0. Grâce à un appareil de mesure, on a relevé la vitesse de rotation exprimée en nombre de tours par seconde.

Sur le graphique ci-dessous, on a représenté cette vitesse en fonction du temps exprimé en secondes :

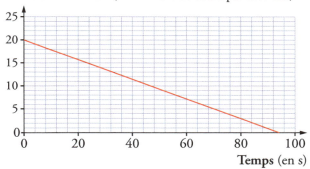

D'après www.sciencesetavenir.fr

▶ **1.** Le temps et la vitesse de rotation du *hand spinner* sont-ils proportionnels ? Justifier.

▶ **2.** Par lecture graphique, répondre aux questions suivantes :
a) Quelle est la vitesse de rotation initiale du *hand spinner* (en nombre de tours par seconde) ?
b) Quelle est la vitesse de rotation du *hand spinner* (en nombre de tours par seconde) au bout de 1 minute et 20 secondes ?
c) Au bout de combien de temps le *hand spinner* va-t-il s'arrêter ?

Utiliser le calcul littéral • SUJET 21

▶ **3.** Pour calculer la vitesse de rotation du *hand spinner* en fonction du temps t, notée $V(t)$, on utilise la fonction suivante :
$$V(t) = -0{,}214 \times t + V_{initiale}.$$
• t est le temps (exprimé en s) qui s'est écoulé depuis le début de rotation du *hand spinner*.
• $V_{initiale}$ est la vitesse de rotation à laquelle on a lancé le *hand spinner* au départ.
a) On lance le *hand spinner* à une vitesse initiale de 20 tours par seconde. Sa vitesse de rotation est donc donnée par la formule :
$V(t) = -0{,}214 \times t + 20$. Calculer sa vitesse de rotation au bout de 30 s.
b) Au bout de combien de temps le *hand spinner* va-t-il s'arrêter ? Justifier par un calcul.
c) Est-il vrai que, d'une manière générale, si l'on fait tourner le *hand spinner* deux fois plus vite au départ, il tournera deux fois plus longtemps ? Justifier.

LES CLÉS DU SUJET

● L'intérêt du sujet

Cet exercice te permet de travailler tes compétences en lecture de courbe et en calcul littéral à travers l'étude d'une toupie qui était à la mode il y a encore quelques années.

● Nos coups de pouce, question par question

▶ **1. Reconnaître une situation de proportionnalité graphiquement**	Rappelle-toi qu'une situation de proportionnalité est représentée graphiquement par une droite passant par l'origine du repère.
▶ **2. Lire une courbe**	**a)** Lis la valeur de la courbe au temps $t = 0$ s. **b)** Convertis 1 min 20 s en secondes, puis lis sur la courbe la valeur correspondant à ce temps. **c)** Le *hand spinner* s'arrête lorsque sa vitesse de rotation est nulle.
▶ **3. a) Substituer dans une expression littérale**	• Remplace t par 30 dans la formule et calcule la vitesse de rotation. • Attention ! La multiplication est prioritaire.
c) Calculer avec une expression littérale	Exprime le temps d'arrêt du *hand spinner* en fonction de la vitesse initiale $V_{initiale}$.

21 CORRIGÉ GUIDÉ

▶ **1.** Le temps et la vitesse de rotation ne sont pas proportionnels car la droite ne passe pas par l'origine.

▶ **2. a)** La vitesse initiale de rotation du *hand spinner* est de 20 tours par seconde.

b) 1 min 20 s = 80 s.
La vitesse de rotation du *hand spinner* est de 3 tours par seconde.

c) Le *hand spinner* s'arrête au bout de 94 s.

ATTENTION !
Sur l'axe des abscisses, 1 carreau correspond à 4 s.

▶ **3. a)** $V(30) = -0{,}214 \times 30 + 20 = 13{,}58$ tours par seconde.
La vitesse de rotation du *hand spinner*, au bout de 30 s, est de 13,58 tours par seconde.

b) Il s'agit de résoudre l'équation :
$$-0{,}214x + 20 = 0$$
$$-0{,}214x = -20$$
$$x = \frac{-20}{-0{,}214} \approx 93{,}5$$

Le *hand spinner* s'arrête au bout d'environ 93,5 s.

c) Si la vitesse au départ est V_{initiale}, d'après la question précédente, le *hand spinner* s'arrête au bout de x secondes avec :
$-0{,}214x + V_{\text{initiale}} = 0$.
Soit $x = \dfrac{V_{\text{initiale}}}{0{,}214}$.

Si on double la vitesse au départ, elle vaut $2 \times V_{\text{initiale}}$, et le *hand spinner* s'arrête au bout de : $x_{\text{double}} = \dfrac{2 \times V_{\text{initiale}}}{0{,}214} = 2 \times x$.

Le *hand spinner* mettra bien 2 fois plus de temps pour s'arrêter.

22 France métropolitaine • Juillet 2019

Programme de calcul

EXERCICE 6

Voici deux programmes de calcul.

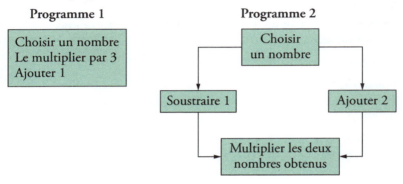

▶ **1.** Vérifier que si on choisit 5 comme nombre de départ,
- Le résultat du programme 1 vaut 16.
- Le résultat du programme 2 vaut 28

On appelle $A(x)$ le résultat du programme 1 en fonction du nombre x choisi au départ.
La fonction $B : x \mapsto (x-1)(x+2)$ donne le résultat du programme 2 en fonction du nombre x choisi au départ.

▶ **2. a)** Exprimer $A(x)$ en fonction de x.
b) Déterminer le nombre que l'on doit choisir au départ pour obtenir 0 comme résultat du programme 1.

▶ **3.** Développer et réduire l'expression :
$B(x) = (x-1)(x+2)$.

▶ **4. a)** Montrer que $B(x) - A(x) = (x+1)(x-3)$.
b) Quels nombres doit-on choisir au départ pour que le programme 1 et le programme 2 donnent le même résultat ? Expliquer la démarche.

Utiliser le calcul littéral • SUJET 22

LES CLÉS DU SUJET

● L'intérêt du sujet

Dans cet exercice sur les programmes de calcul, tu vas retravailler le calcul littéral et les équations.

● Nos coups de pouce, question par question

▶ **1. Appliquer un programme de calcul**
Prends comme nombre de départ 5 et calcule chaque étape des programmes.

▶ **2. Résoudre une équation du 1er degré à 1 inconnue**
a) Choisis pour nombre de départ l'inconnue x et déroule le programme.
b) Résous l'équation $3x + 1 = 0$.

▶ **3. Développer une expression littérale à l'aide de la double distributivité**
Utilise la formule de la double distributivité suivante :
$(a + b)(c + d) = ac + ad + bc + bd$.

▶ **4. b) Résoudre une équation produit**
Résous l'équation $A(x) = B(x) = 0$. C'est une équation-produit nulle avec deux facteurs, elle a donc deux solutions.

● Les étapes de résolution pour la question 4. a)

Montrer l'égalité de deux expressions littérale

❶ Réduis l'expression $B(x) - A(x)$.

❷ Développe l'expression $(x + 1)(x - 3)$.

❸ Compare les expressions obtenues et conclus.

CORRIGÉ GUIDÉ

▶ **1.**

Programme 1 :
5
$5 \times 3 = 15$
$15 + 1 = \boxed{16}$

Programme 2 :

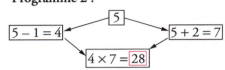

▶ **2. a)** $\boxed{A(x) = 3x + 1}$

b) On résout l'équation $3x + 1 = 0$.
$3x = -1$
$\boxed{x = -\dfrac{1}{3}}$

▶ **3.** $B(x) = (x-1)(x+2) = x^2 + 2x - x - 2 = \boxed{x^2 + x - 2}$

▶ **4. a)** D'une part : $B(x) - A(x) = x^2 + x - 2 - 3x - 1 = x^2 - 2x - 3$.
D'autre part : $(x+1)(x-3) = x^2 - 3x + x - 3 = x^2 - 2x - 3$.
Donc les deux expressions sont bien égales.

ATTENTION !
$B(x) = A(x)$ signifie que $B(x) - A(x) = 0$.

b) On cherche x tel que $B(x) = A(x)$ donc $B(x) - A(x) = 0$, soit $(x+1)(x-3) = 0$.
C'est une équation produit, or, si un produit de facteurs est nul alors l'un au moins des facteurs est nul.
Donc $x + 1 = 0$ ou $x - 3 = 0$, soit :
$x = -1$ ou $x = 3$.

Conclusion : les deux valeurs pour lesquelles ces deux programmes sont égaux sont -1 et 3.

23 Pondichéry • Mai 2018

Comparaison de deux programmes

EXERCICE 4

Programme A	Programme B
• Choisir un nombre	• Choisir un nombre
• Soustraire 3	• Calculer le carré de ce nombre
• Calculer le carré du résultat obtenu	• Ajouter le triple du nombre de départ
	• Ajouter 7

▶ **1.** Corinne choisit le nombre 1 et applique le programme A. Expliquer, en détaillant, les calculs que le résultat du programme de calcul est 4.

▶ **2.** Tidjane choisit le nombre –5 et applique le programme B. Quel résultat obtient-il ?

▶ **3.** Lina souhaite regrouper le résultat de chaque programme à l'aide d'un tableur. Elle crée la feuille de calcul ci-dessous. Quelle formule, copiée ensuite à droite dans les cellules C3 à H3, a-t-elle saisie dans la cellule B3 ?

B2		f_x	=(B1–3)^2				
	A	B	C	D	E	F	G	H
1	Nombre de départ	–3	–2	–1	0	1	2	3
2	Résultat du programme A	36	25	16	9	4	1	0
3	Résultat du programme B	7	5	5	7	11	17	25

▶ **4.** Zoé cherche à trouver un nombre de départ pour lequel les deux programmes de calcul donnent le même résultat. Pour cela, elle appelle x le nombre choisi au départ et exprime le résultat de chaque programme de calcul en fonction de x.
a) Montrer que le résultat du programme A en fonction de x peut s'écrire sous forme développée et réduite : $x^2 - 6x + 9$.
b) Écrire le résultat du programme B en fonction de x.
c) Existe-t-il un nombre de départ pour lequel les deux programmes donnent le même résultat ? Si oui, lequel ?

Utiliser le calcul littéral • **CORRIGÉ** **23**

LES CLÉS DU SUJET

● L'intérêt du sujet

Vérifie que tu sais dérouler un programme de calcul à la main et avec un tableur.

● Nos coups de pouce, question par question

▶ 1. et ▶ 2. Appliquer un programme de calcul
Effectue successivement et dans l'ordre indiqué les différentes étapes des programmes de calcul, en partant du nombre choisi.

▶ 3. Utiliser un tableur pour effectuer des calculs automatisés
- Crée une formule faisant référence à des valeurs situées dans d'autres cellules du tableau.
- Attention à la syntaxe utilisée !

▶ 4. a) et b) Appliquer des programmes de calcul
- Choisis un nombre quelconque x et applique-lui les deux programmes de calcul.
- Utilise l'identité remarquable $(a - b)^2 = a^2 - 2ab + b^2$.

● Les étapes de résolution de la question 4. c)

Résoudre une équation

❶ Utilise les résultats des deux questions précédentes pour poser une équation.

❷ Simplifie cette équation, puis résous l'équation du premier degré obtenue.

❸ Conclus. Tu peux vérifier en remplaçant dans chaque expression x par le nombre trouvé.

23 CORRIGÉ GUIDÉ

▶ 1. Application du programme A par Corinne.
- Corinne choisit le nombre 1.
- Elle soustrait 3 à ce nombre et obtient − 2.

Utiliser le calcul littéral • CORRIGÉ 23

- Puis elle calcule le carré du résultat obtenu. Elle obtient $(-2)^2$, c'est-à-dire 4.

Conclusion : Corinne obtient bien 4.

▶ **2.** Application du programme B par Tidjane.
- Tidjane choisit le nombre -5.
- Il calcule le carré de ce nombre. Il obtient $(-5)^2$, c'est-à-dire 25.
- Puis il ajoute le triple du nombre de départ, c'est-à-dire qu'il ajoute -15. Il obtient donc 10.
- Enfin il ajoute 7 et trouve 17.

Conclusion : Tidjane obtient 17.

▶ **3.** En B3 il faut saisir la formule $\boxed{= B1*B1 + 3*B1 + 7}$.

▶ **4. a)** Zoé choisit un nombre x et applique le programme A.
Elle soustrait 3 à ce nombre et trouve $(x-3)$.
Elle calcule le carré du résultat obtenu et obtient $(x-3)^2$.
En appliquant l'identité remarquable $(a-b)^2 = a^2 - 2ab + b^2$, on peut affirmer que le résultat du programme est $\boxed{x^2 - 6x + 9}$.

b) Zoé choisit un nombre x et applique le programme B.
Elle élève au carré ce nombre et trouve x^2.
Elle ajoute le triple du nombre de départ, c'est-à-dire qu'elle ajoute $3x$.
Elle obtient $x^2 + 3x$.

Enfin elle ajoute 7 et trouve $\boxed{x^2 + 3x + 7}$.

c) Pour répondre à la question, résolvons l'équation :
$x^2 - 6x + 9 = x^2 + 3x + 7$.
Nous avons : $x^2 - 6x - x^2 - 3x = 7 - 9$, soit $-9x = -2$ ou encore $x = \dfrac{2}{9}$.

Conclusion : si on choisit $\dfrac{2}{9}$ pour nombre de départ, les deux programmes donnent le même résultat.

Pour obtenir ce résultat, remplaçons x par $\dfrac{2}{9}$ dans $x^2 + 3x + 7$ par exemple.

On trouve $\left(\dfrac{2}{9}\right)^2 + 3 \times \dfrac{2}{9} + 7$, soit $\boxed{\dfrac{625}{81}}$.

REMARQUE
On peut vérifier que l'on trouve également $\dfrac{625}{81}$ si on remplace x par $\dfrac{2}{9}$ dans $x^2 - 6x + 9$.

24 Antilles, Guyane • Juin 2019

Sécurité routière

EXERCICE 3

Le premier juillet 2018, la vitesse maximale autorisée sur les routes à double sens de circulation, sans séparateur central, a été abaissée de 90 km/h à 80 km/h.
En 2016, 1 911 personnes ont été tuées sur les routes à double sens de circulation, sans séparateur central, ce qui représente environ 55 % des décès sur l'ensemble des routes en France.

Source : www.securite-routiere.gouv.fr

▶ **1. a)** Montrer qu'en 2016, il y a eu environ 3 475 décès sur l'ensemble des routes en France.
b) Des experts ont estimé que la baisse de la vitesse à 80 km/h aurait permis de sauver 400 vies en 2016. De quel pourcentage le nombre de morts sur l'ensemble des routes de France aurait-il baissé ? Donner une valeur approchée à 0,1 % près.

▶ **2.** En septembre 2018, des gendarmes ont effectué une série de contrôles sur une route dont la vitesse maximale autorisée est 80 km/h. Les résultats ont été entrés dans un tableur dans l'ordre croissant des vitesses. Malheureusement, les données de la colonne B ont été effacées.

	A	B	C	D	E	F	G	H	I	J	K
1	vitesse relevée (km/h)		72	77	79	82	86	90	91	97	TOTAL
2	nombre d'automobilistes		2	10	6	1	7	4	3	6	

a) Calculer la moyenne des vitesses des automobilistes contrôlés qui ont dépassé la vitesse maximale autorisée. Donner une valeur approchée à 0,1 km/h près.
b) Sachant que l'étendue des vitesses relevées est égale à 27 km/h et que la médiane est égale à 82 km/h, quelles sont les données manquantes dans la colonne B ?
c) Quelle formule doit-on saisir dans la cellule K2 pour obtenir le nombre total d'automobilistes contrôlés ?

Interpréter, représenter et traiter des données • CORRIGÉ **24**

LES CLÉS DU SUJET

● L'intérêt du sujet

De nombreuses campagnes sont lancées par la Sécurité routière. Parmi celles-ci, les campagnes pour le respect de la limitation de vitesse y tiennent une place de choix. Soyez vigilants et prudents !

● Nos coups de pouce, question par question

▶ 1. a) Appliquer un pourcentage	Note x le nombre de décès sur les routes de France en 2016. Prends ensuite 55 % de ce nombre x.
b) Calculer un pourcentage	Calcule en pourcentage le quotient $\dfrac{400}{3\,475}$.
▶ 2. Calculer la moyenne, l'étendue et la médiane d'une série statistique	Applique la définition de ces trois notions de statistique (voir le Mémo).

24 CORRIGÉ GUIDÉ

▶ **1. a)** Si x est le nombre de décès sur les routes de France en 2016, alors $\dfrac{55}{100}x = 1\,911$.

D'où $x = \dfrac{1\,911 \times 100}{55}$.

Une valeur arrondie à l'unité de x est donc :

$$\boxed{x = 3\,475}.$$

b) Notons p le pourcentage de baisse du nombre de décès :

$$p = \dfrac{400}{3\,475} \times 100.$$

Une valeur approchée de p à 0,1 % près est :

$$\boxed{p = 11{,}5\,\%}.$$

Interpréter, représenter et traiter des données • CORRIGÉ

▶ **2. a)** Notons m la moyenne des vitesses des automobilistes contrôlés qui ont dépassé la vitesse de 80 km/h.

m est égale à la somme de toutes les valeurs de la série statistique divisée par l'effectif total :

$$m = \frac{1 \times 82 + 7 \times 86 + 4 \times 90 + 3 \times 91 + 6 \times 97}{1 + 7 + 4 + 3 + 6} = \frac{1\,899}{21}.$$

D'où une valeur approchée de m à 0,1 km/h près :

$$\boxed{m = 90,4 \text{ km/h}}.$$

b) L'étendue e d'une série statistique est la différence entre la plus grande et la plus petite valeur de la série statistique.

La plus grande valeur est 97 et l'étendue vaut 27.

La plus petite valeur est donc 70 km/h car $97 - 27 = 70$.

Conclusion : en B1, il manque le nombre 70.

> **ATTENTION !**
> La série statistique considérée ne contient que les vitesses supérieures à 80 km/h !

La médiane M d'une série statistique, rangée par ordre croissant ou décroissant, est la valeur qui partage cette série statistique en deux parties de même effectif.

Or, $M = 82$ et il y a 20 automobilistes circulant à plus de 82 km/h. Donc il existe 20 automobilistes circulant à moins de 82 km/h.

D'après le tableur, il y a 2 automobilistes circulant à 70 km/h.

Conclusion : en B2, il manque le nombre 2.

c) Dans la cellule K2, il faut saisir la formule :

$$\boxed{\text{=SOMME(B2:J2)}}.$$

25 France métropolitaine • Juillet 2019

Gestion de données

EXERCICE 3 15 min — 17 points

Les questions 1 et 2 sont indépendantes.

Un sablier est composé de :
– deux cylindres C_1 et C_2 de hauteur 4,2 cm et de diamètre 1,5 cm ;
– un cylindre C_3 ;
– deux demi-sphères S_1 et S_2 de diamètre 1,5 cm.
On rappelle le volume $\mathcal{V}$ d'un cylindre d'aire de base $\mathcal{B}$ et de hauteur h :
$\mathcal{V} = \mathcal{B} \times h$.

▶ **1. a)** Au départ, le sable remplit le cylindre C_2 aux deux tiers. Montrer que le volume du sable est environ 4,95 cm³.

b) On retourne le sablier. En supposant que le débit d'écoulement du sable est constant et égal à 1,98 cm³/min, calculer le temps en minutes et secondes que va mettre le sable à s'écouler dans le cylindre inférieur.

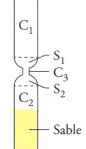

▶ **2.** En réalité, le débit d'écoulement d'un même sablier n'est pas constant.
Dans une usine où on fabrique des sabliers comme celui-ci, on prend un sablier au hasard et on teste plusieurs fois le temps d'écoulement dans ce sablier.
Voici les différents temps récapitulés dans le tableau suivant :

Temps mesuré	2 min 22 s	2 min 24 s	2 min 26 s	2 min 27 s	2 min 28 s	2 min 29 s	2 min 30 s
Nombre de tests	1	1	2	6	3	7	6

Temps mesuré	2 min 31 s	2 min 32 s	2 min 33 s	2 min 34 s	2 min 35 s	2 min 38 s
Nombre de tests	3	1	2	3	2	3

a) Combien de tests ont été réalisés au total ?

Interpréter, représenter et traiter des données • SUJET 25

b) Un sablier est mis en vente s'il vérifie les trois conditions ci-dessous, sinon il est éliminé.
• L'étendue des temps est inférieure à 20 s.
• La médiane des temps est comprise entre 2 min 29 s et 2 min 31 s.
• La moyenne des temps est comprise entre 2 min 28 s et 2 min 32 s.
Le sablier testé sera-t-il éliminé ?

LES CLÉS DU SUJET

● L'intérêt du sujet

À travers l'étude de l'écoulement du sable dans un sablier, tu vas revoir les principaux indicateurs statistiques.

● Nos coups de pouce, question par question

▶ 1. a) Calculer le volume d'un cylindre
Pour prendre une fraction d'une quantité, multiplie la fraction par la quantité.

b) Calculer avec des grandeurs proportionnelles
Dresse un tableau de proportionnalité entre le volume de sable écoulé et le temps.

▶ 2. a) Calculer un effectif total
Additionne les nombres de tests correspondant aux durées.

● Les étapes de résolution pour la question 2. b)

Calculer l'étendue, la médiane et la moyenne d'une série statistique

❶ Calcule l'étendue de la série statistique : c'est la différence entre la plus grande et la plus petite valeur.

❷ Calcule la médiane. Pour cela, tu as deux méthodes possibles :
– tu écris toutes les valeurs dans l'ordre croissant et tu prends la valeur centrale ;
– tu dresses un tableau d'effectifs cumulés croissants et tu cherches, ici aussi, la valeur centrale.

❸ Calcule la moyenne de la série.

❹ Vérifie si les trois conditions de l'énoncé sont remplies et conclus.

25 CORRIGÉ GUIDÉ

▶ **1. a)** $\mathcal{V}_{sable} = \dfrac{2}{3} \times \mathcal{V}_{C_2} = \dfrac{2}{3} \times \text{aire(base)} \times \text{hauteur}$

$= \dfrac{2}{3} \times \pi \times \left(\dfrac{1,5}{2}\right)^2 \times 4,2 \approx \boxed{4,95 \text{ cm}^3}$

ATTENTION !
rayon = $\dfrac{\text{diamètre}}{2}$.

b) Il y a proportionnalité entre le volume de sable écoulé et le temps :

Volume (cm³)	Temps (s)
1,98	60
4,95	x

Par le produit en croix, on a :
$x = \dfrac{4,95 \times 60}{1,98} = 150 \text{ s} = \boxed{2 \text{ min } 30 \text{ s}}$

▶ **2. a)** Le nombre total de tests faits est :
$1 + 1 + 2 + 6 + 3 + 7 + 6 + 3 + 1 + 2 + 3 + 2 + 3 = \boxed{40}$.

b) Calcul de l'étendue : 2 min 38 s – 2 min 22 s = 16 s.

16 s < 20 s donc le premier critère est vérifié.

Détermination de la médiane : on cherche la moyenne entre la 20ᵉ et la 21ᵉ valeur.

RAPPEL
La médiane d'une série statistique est la valeur qui partage l'effectif en deux sous-effectifs égaux.

1ʳᵉ méthode : on liste, dans l'ordre croissant, les 40 valeurs.

2ᵉ méthode : on fait un calcul d'effectifs cumulés croissants :

Temps	2'22''	2'24''	2'26''	2'27''	2'28''	2'29''	2'30''	2'31''	2'32''	2'33''	2'34''	2'35''	2'38''
Effectifs cumulés croissants	1	2	4	10	13	20	26	29	30	32	35	37	40

Donc la médiane est entre 2 min 29 s et 2 min 30 s et le second critère est vérifié.

Interpréter, représenter et traiter des données • CORRIGÉ

Calcul de la moyenne (le calcul est plus simple si toutes les unités de temps sont en secondes) :

$$\text{Moyenne} = \frac{\begin{array}{c}142\times1+144\times1+146\times2+147\times6+148\times3\\+149\times7+150\times6+151\times3+152\times1\\+153\times2+154\times3+155\times2+158\times3\end{array}}{40}$$

≈ 150 s soit 2 min 30 s.

Donc ce dernier critère est vérifié.

Conclusion : ce sablier ne sera pas éliminé.

26 — France métropolitaine • Juin 2018

Les particules fines

EXERCICE 2 — 15 min — 14 points

Parmi les nombreux polluants de l'air, les particules fines sont régulièrement surveillées. Les PM10 sont des particules fines dont le diamètre est inférieur à 0,01 mm. En janvier 2017, les villes de Lyon et Grenoble ont connu un épisode de pollution aux particules fines.
Voici des données concernant la période du 16 au 25 janvier 2017 :

DOCUMENT 1 — Données statistiques sur les concentrations journalières en PM10 du 16 au 25 janvier 2017 à Lyon

- Moyenne : 72,5 $\mu g/m^3$.
- Médiane : 83,5 $\mu g/m^3$.
- Concentration minimale : 22 $\mu g/m^3$.
- Concentration maximale : 107 $\mu g/m^3$.

Source : www.air-rhonealpes.fr

DOCUMENT 2 — Relevés des concentrations journalières en PM10 du 16 au 25 janvier 2017 à Grenoble

Date	Concentration PM10 en $\mu g/m^3$
16 janvier	32
17 janvier	39
18 janvier	52
19 janvier	57
20 janvier	78
21 janvier	63
22 janvier	60
23 janvier	82
24 janvier	82
25 janvier	89

▶ **1.** Laquelle de ces deux villes a eu la plus forte concentration moyenne en PM10 entre le 16 et le 25 janvier ?

▶ **2.** Calculer l'étendue des séries des relevés en PM10 à Lyon et à Grenoble. Laquelle de ces deux villes a eu l'étendue la plus importante ? Interpréter ce dernier résultat.

▶ **3.** L'affirmation suivante est-elle exacte ? Justifier votre réponse.
« Du 16 au 25 janvier, le seuil d'alerte de 80 µg/m^3 par jour a été dépassé au moins 5 fois à Lyon. »

LES CLÉS DU SUJET

● L'intérêt du sujet

Cet exercice te permet de travailler des notions de statistiques à travers l'étude des particules fines, polluants majeurs de l'air que nous respirons.

● Nos coups de pouce, question par question

▶ **1. Calculer une moyenne arithmétique**	• Calcule la moyenne arithmétique des concentrations journalière en PM10 à Grenoble. • Pour cela, ajoute toutes les valeurs puis divise le tout par le nombre de valeurs.
▶ **2. Calculer une étendue**	Pour calculer une étendue, soustrais la plus petite valeur de la série à la plus grande.
▶ **3. Utiliser une médiane**	Rappelle-toi la définition de la médiane et remarque qu'il y a 10 valeurs en tout dans la série des relevés à Lyon.

Interpréter, représenter et traiter des données • CORRIGÉ 26

26 CORRIGÉ **GUIDÉ**

▶ **1.** À Lyon, la moyenne des concentrations est de 72,5 µg/m³.
À Grenoble :
$$\frac{32 + 39 + 52 + 57 + 78 + 63 + 60 + 82 + 82 + 89}{10} = 63,4 \text{ µg/m}^3.$$
C'est Lyon qui a la plus forte concentration moyenne en PM10 entre le 16 et le 25 janvier.

▶ **2.** Étendue des concentrations à Lyon : $107 - 22 = 85$.
Étendue des concentrations à Grenoble : $89 - 32 = 57$.
L'amplitude des concentrations est la plus élevée à Lyon.

▶ **3.** À Lyon, la médiane des concentrations sur les 10 jours est de 83,5 µg/m³.
Cela signifie que la concentration a été supérieure ou égale à 83,5 µg/m³ au moins 5 jours sur les dix jours mesurés. Donc le seuil d'alerte de 80 µg/m³ a été dépassé au moins 5 jours à Lyon.

Polynésie française • Septembre 2019

Rupture de contrat

EXERCICE 3

15 min
14 points

Une assistante maternelle gardait plusieurs enfants, dont Farida qui est entrée à l'école en septembre 2017. Ses parents ont alors rompu leur contrat avec cette assistante maternelle. La loi les oblige à verser une « indemnité de rupture ».

Le montant de cette indemnité est égal au $1/120^e$ du total des salaires nets perçus par l'assistante maternelle pendant toute la durée du contrat.

Ils ont reporté le montant des salaires nets versés, de mars 2015 à août 2017, dans un tableur comme ci-dessous :

	A	B	C	D	E	F	G	H	I	J	K	L	M
1	Salaires nets versés en 2015 (en €)												
2													
3	Janvier	Février	Mars	Avril	Mai	Juin	Juillet	Août	Septembre	Octobre	Novembre	Décembre	Total
4			77,81	187,11	197,21	197,11	187,11	170,63	186,28	191,37	191,37	197,04	1 783,04
5													
6	Salaires nets versés en 2016 (en €)												
7													
8	Janvier	Février	Mars	Avril	Mai	Juin	Juillet	Août	Septembre	Octobre	Novembre	Décembre	Total
9	191,37	191,37	191,37	197,04	194,21	191,37	211,21	216,89	212,63	212,63	218,3	218,3	2 446,69
10													
11	Salaires nets versés en 2017 (en €)												
12													
13	Janvier	Février	Mars	Avril	Mai	Juin	Juillet	Août	Septembre	Octobre	Novembre	Décembre	Total
14	223,97	261,64	270,15	261,64	261,64	267,3	261,64	261,64					2 069,62
15													
16	Montant total des salaires versés (en €)												
17													
18	Montant de l'indemnité de rupture de contrat (en €)												
19													

Interpréter, représenter et traiter des données • **SUJET 27**

▶ **1. a)** Que représente la valeur 1 783,04 dans la cellule M4 ?
b) Quelle formule a-t-on écrit dans la cellule M4 pour obtenir cette valeur ?
c) Dans quelle cellule doit-on écrire la formule « =M4+M9+M14 » ?

▶ **2.** Déterminer le montant de « l'indemnité de rupture ». Arrondir au centime d'euro près.

▶ **3.** Déterminer le salaire moyen net mensuel versé à cette assistante maternelle sur toute la durée du contrat de la famille de Farida. Arrondir au centime d'euro près.

▶ **4.** Calculer l'étendue des salaires versés.

LES CLÉS DU SUJET

● L'intérêt du sujet

Dans le cas d'une rupture de contrat avec un salarié, la loi prévoit le versement d'une indemnité au salarié concerné. Celle-ci est calculée à partir de la rémunération brute perçue.

● Nos coups de pouce, question par question

▶ **1.** Effectuer une lecture sur un tableur	Tu peux repérer une cellule avec sa position sur une ligne et sur une colonne. Exemple : M4 est la cellule située à l'intersection de la ligne 4 et de la colonne M.
▶ **2.** Calculer une fraction d'une somme de valeurs	Calcule d'abord la somme des salaires versés de mars 2015 à août 2017.
▶ **3.** Calculer une moyenne	Le salaire moyen net mensuel S_{moy} est égal à la somme de tous les salaires versés divisée par le nombre total de mois.
▶ **4.** Calculer une étendue	Applique la définition de l'étendue d'une série statistique (voir le Mémo).

Interpréter, représenter et traiter des données • CORRIGÉ 27

27 CORRIGÉ GUIDÉ

▶ **1. a)** La valeur 1 783,04 dans la cellule M4 représente la somme des salaires nets versés en 2015.

b) Pour obtenir cette valeur, la formule écrite dans la cellule M4 est :

$$=\text{SOMME(C4:L4)}.$$

ATTENTION ! Les formules utilisées sur le tableur obéissent à une syntaxe bien précise.

c) La formule « =M4+M9+M14 » est écrite dans la cellule M16.

Ce résultat représente le montant total des salaires versés en euros durant toute la durée du contrat.

▶ **2.** Notons R l'indemnité de rupture. Alors :

$R = (1\ 783{,}04 + 2\ 446{,}69 + 2\ 069{,}62) \times \dfrac{1}{120}$.

$R = 6\ 299{,}35 \times \dfrac{1}{120}$.

$R = 52{,}49$.

Conclusion : le montant de l'indemnité de rupture est de 52,49 euros, valeur arrondie au centième d'euro.

▶ **3.** Le salaire moyen net mensuel S_{moy} est égal au salaire total versé sur toute la durée du contrat divisé par son nombre de mois. L'assistante maternelle a travaillé pendant 30 mois. Donc $S_{\text{moy}} = \dfrac{6\ 299{,}35}{30}$.

La valeur arrondie au centième d'euro du salaire moyen net est :

$$S_{\text{moy}} = 209{,}98 \text{ euros}.$$

▶ **4.** L'étendue e d'une série statistique est la différence entre la plus grande valeur et la plus petite valeur de la série statistique.

La valeur la plus grande est 270,15 et la valeur la plus petite est 77,81. D'où l'étendue des salaires :

$e = 270{,}15 - 77{,}81$

$$e = 192{,}34 \text{ euros}.$$

28 Centres étrangers • Juin 2018

Montres

EXERCICE 3 15 min — 16 points

Thomas possède une montre qu'il compose en assemblant des cadrans et des bracelets de plusieurs couleurs. Pour cela, il dispose de :
– deux cadrans : un rouge et un jaune ;
– quatre bracelets : un rouge, un jaune, un vert et un noir.

▶ **1.** Combien y a-t-il d'assemblages possibles ?
Il choisit au hasard un cadran et un bracelet pour composer sa montre.

▶ **2.** Déterminer la probabilité d'obtenir une montre toute rouge.

▶ **3.** Déterminer la probabilité d'obtenir une montre d'une seule couleur.

▶ **4.** Déterminer la probabilité d'avoir une montre de deux couleurs.

LES CLÉS DU SUJET

● L'intérêt du sujet

Thomas aime beaucoup le changement. On lui a offert une montre à bracelets et boîtiers interchangeables. Tous les matins, il recompose sa montre et s'en remet au hasard pour le choix des nouveaux accessoires : en effet il pratique le tirage au sort !

● Nos coups de pouce, question par question

▶ **1. Effectuer des dénombrements**	Construis un arbre pondéré.
▶ **2. à ▶ 4. Calculer des probabilités simples**	Si E est un événement et si les résultats d'une expérience ont tous la même probabilité, alors : $p(E) = \dfrac{\text{nombre de résultats favorables}}{\text{nombre de résultats possibles}}$.

Arbre pondéré

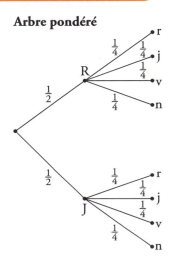

Légende
R : cadran rouge
r : bracelet rouge
v : bracelet vert
J : cadran jaune
j : bracelet jaune
n : bracelet noir.

▶ **1.** Il existe 8 assemblages possibles. Ils sont donnés par l'arbre ci-dessus. (R, r), (R, j), (R, v), (R, n), (J, r), (J, j), (J, v) et (J, n).

▶ **2.** Soit E_1 l'événement « la montre est toute rouge ».
Il existe un seul résultat favorable, (R, r), et 8 résultats possibles.
$$p(E_1) = \frac{1}{8}.$$

▶ **3.** Soit E_2 l'événement « la montre est d'une seule couleur ».
Il existe deux résultats favorables, (R, r) et (J, j), et 8 résultats possibles.
$p(E_2) = \frac{2}{8}$ soit $p(E_2) = \frac{1}{4}$.

▶ **4.** Soit E_3 l'événement « la montre est de 2 couleurs ».
Il existe 6 résultats favorables, (R, j), (R, v), (R, n), (J, r), (J, v) et (J, n), et 8 résultats possibles.
$p(E_3) = \frac{6}{8}$ soit $p(E_3) = \frac{3}{4}$.

Autre méthode : On obtient nécessairement une montre d'une seule couleur ou de deux couleurs. Donc :
$p(E_2) + p(E_3) = 1$ soit $p(E_3) = 1 - p(E_2) = 1 - \frac{1}{4} = \frac{3}{4}$.

29 Pondichéry • Mai 2018

Jeu de hasard

EXERCICE 1

15 min
13 points

On considère un jeu composé d'un plateau tournant et d'une boule. Représenté ci-contre, ce plateau comporte 13 cases numérotées de 0 à 12.
On lance la boule sur le plateau.
La boule finit par s'arrêter au hasard sur une case numérotée.
La boule a la même probabilité de s'arrêter sur chaque case.

▶ **1.** Quelle est la probabilité que la boule s'arrête sur la case numérotée 8 ?

▶ **2.** Quelle est la probabilité que le numéro de la case sur lequel la boule s'arrête soit un nombre impair ?

▶ **3.** Quelle est la probabilité que le numéro de la case sur lequel la boule s'arrête soit un nombre premier ?

▶ **4.** Lors des deux derniers lancers, la boule s'est arrêtée à chaque fois sur la case numérotée 9. A-t-on maintenant plus de chances que la boule s'arrête sur la case numérotée 9 plutôt que sur la case numérotée 7 ? Argumenter à l'aide d'un calcul de probabilités.

Utiliser les probabilités • CORRIGÉ 29

LES CLÉS DU SUJET

● L'intérêt du sujet

De l'importance du français ! Dans l'étude des probabilités, on rencontre un vocabulaire « nouveau ». Par exemple, il est question de hasard, d'événements, de « résultats favorables », de « résultats possibles », d'arbres pondérés, etc. Un dictionnaire peut être utile !

● Nos coups de pouce, question par question

▶ 1. Rédiger un exercice de probabilité	N'oublie pas qu'une probabilité est un nombre compris entre 0 et 1 (cela te permet de détecter des erreurs grossières). Si E est un événement et si les résultats d'une expérience ont tous la même probabilité, alors : $p(E) = \dfrac{\text{nombre de résultats favorables}}{\text{nombre de résultats possibles}}$.
▶ 2. et ▶ 3. Utiliser les définitions et les propriétés des probabilités	Utilise la même formule de probabilité. Dans chaque cas, compte le nombre de cas favorables : le nombre de cases qui portent un nombre impair, le nombre de cases avec un nombre premier.
▶ 4. Comprendre le déroulé d'une expérience aléatoire	• Utilise la définition de l'énoncé : « La boule a la même probabilité de s'arrêter sur chaque case. » • On parle alors d'équiprobabilité.

29 CORRIGÉ GUIDÉ

▶ **1.** Notons E_1 l'événement : « la boule s'arrête sur la case numérotée 8 ». Chaque case a la même probabilité de recevoir la boule, alors :

$$p(E_1) = \dfrac{\text{nombre de résultats favorables}}{\text{nombre de résultats possibles}}.$$

Il existe une seule case numérotée 8 et 13 cases possibles.

$$\boxed{p(E_1) = \dfrac{1}{13}}$$

Utiliser les probabilités • CORRIGÉ

▶ **2.** Notons E_2 l'événement : « la boule s'arrête sur une case désignée par un numéro impair ».

Il existe 6 cases désignées par un numéro impair (1 ; 3 ; 5 ; 7 ; 9 ; 11) et 13 cases possibles.

$$p(E_2) = \frac{6}{13}$$

▶ **3.** Notons E_3 l'événement : « la boule s'arrête sur une case désignée par un nombre premier ».

Il existe 5 cases désignées par un nombre premier (2 ; 3 ; 5 ; 7 ; 11) et 13 cases possibles.

$$p(E_3) = \frac{5}{13}$$

RAPPEL
2 admet exactement deux diviseurs distincts (1 et lui-même). 2 est donc bien un nombre premier.

▶ **4.** Notons E_4 et E_5 les événements respectifs : « la boule s'arrête sur la case numérotée 9 » et « la boule s'arrête sur la case numérotée 7 ».
Il existe une seule case numérotée 9 et une seule case numérotée 7.
Alors :

$$p(E_4) = p(E_5) = \frac{1}{13}$$

Conclusion : il n'y a donc pas plus de chance que la boule s'arrête sur la case numérotée 9 plutôt que sur la case numérotée 7.

30 Centres étrangers • Juin 2019

Des chaussures en vitrine

EXERCICE 4

Dans la vitrine d'un magasin A sont présentés au total 45 modèles de chaussures. Certaines sont conçues pour la ville, d'autres pour le sport et sont de trois couleurs différentes : noire, blanche ou marron.

▶ **1.** Compléter le tableau suivant.

Modèle	Pour la ville	Pour le sport	Total
Noir		5	20
Blanc	7		
Marron		3	
Total	27		45

▶ **2.** On choisit un modèle de chaussures au hasard dans cette vitrine.
a) Quelle est la probabilité de choisir un modèle de couleur noire ?
b) Quelle est la probabilité de choisir un modèle pour le sport ?
c) Quelle est la probabilité de choisir un modèle pour la ville de couleur marron ?

▶ **3.** Dans la vitrine d'un magasin B, on trouve 54 modèles de chaussures dont 30 de couleur noire. On choisit au hasard un modèle de chaussures dans la vitrine du magasin A puis dans celle du magasin B. Dans laquelle des deux vitrines a-t-on le plus de chance d'obtenir un modèle de couleur noire ? Justifier.

Utiliser les probabilités • **SUJET** 30

LES CLÉS DU SUJET

● L'intérêt du sujet

Toutes les chaussures n'ont pas le même usage. Pour son confort et sa sécurité, il est souhaitable de prendre des chaussures faites pour l'usage qui est prévu comme, par exemple, choisir des chaussures de sport pour jouer au basket-ball.

● Nos coups de pouce, question par question

▶ **1. Gérer les données d'un exercice**
- Complète le tableau à double entrée.
- Vérifie bien tes résultats.

▶ **2. Calculer des probabilités dans des contextes familiers**

Pour chaque question, la démarche est toujours la même :
– évalue le nombre de résultats favorables ;
– évalue le nombre de résultats possibles ;
– applique la formule :
$$p(E) = \frac{\text{nombre de résultats favorables}}{\text{nombre de résultats possibles}}.$$

● Les étapes de résolution de la question 3

Comparer deux probabilités

❶ Calcule la probabilité pour que le modèle choisi dans la vitrine A soit noir.

❷ Calcule la probabilité pour que le modèle choisi dans la vitrine B soit noir.

❸ Compare ces deux résultats et conclus.

S'ENTRAÎNER

30 CORRIGÉ GUIDÉ

▶ **1.** Tableau complété.

Modèle	Pour la ville	Pour le sport	Total
Noir	15	5	20
Blanc	7	10	17
Marron	5	3	8
Total	27	18	45

▶ **2. a)** Soit E_1 l'événement « choisir un modèle de couleur noire ».
Parmi les 45 modèles, il en existe 20 de couleur noire.

$p(E_1) = \dfrac{20}{45}$ ou encore $\boxed{p(E_1) = \dfrac{4}{9}}$.

b) Soit E_2 l'événement « choisir un modèle pour le sport ».
Parmi les 45 modèles, il en existe 18 pour le sport.

$p(E_2) = \dfrac{18}{45}$ ou encore $\boxed{p(E_2) = \dfrac{2}{5}}$.

c) Soit E_3 l'événement « choisir un modèle pour la ville de couleur marron ».
Parmi les 45 modèles, il en existe 5 pour la ville de couleur marron.

$p(E_3) = \dfrac{5}{45}$ ou encore $\boxed{p(E_3) = \dfrac{1}{9}}$.

▶ **3.** Soit A l'événement « le modèle choisi dans la vitrine A est noir ».
D'après la question **2. a)**, $p(A) = \dfrac{4}{9}$.

Soit B l'événement « le modèle choisi dans la vitrine B est noir ».
$p(B) = \dfrac{30}{54} = \dfrac{5}{9}$. On a $p(B) > p(A)$.

Conclusion : on a plus de chance d'obtenir un modèle de couleur noire dans la vitrine B.

31 Nouvelle-Calédonie • Décembre 2018

La roue

EXERCICE 2

15 min
12 points

À un stand d'une kermesse, on fait tourner une roue pour gagner un lot (un jouet, une casquette ou des bonbons). Une flèche permet de désigner le secteur gagnant sur la roue.
On admet que chaque secteur a autant de chance d'être désigné.

▶ **1. a)** Quelle est la probabilité de l'événement « on gagne des bonbons » ?
b) Définir par une phrase l'événement contraire de l'événement « on gagne des bonbons ».
c) Quelle est la probabilité de l'événement défini au **1. b)** ?

▶ **2.** Soit l'événement « on gagne une casquette ou des bonbons ».
Quelle est la probabilité de cet événement ?

LES CLÉS DU SUJET

● L'intérêt du sujet

Dans les kermesses, le jeu de la roue est fort prisé. Avant de miser sur un événement donné, il est bon de calculer sa probabilité de réalisation. Plus cette probabilité est grande, plus l'événement a des chances de se produire.

Utiliser les probabilités • CORRIGÉ

● Nos coups de pouce, question par question

▶ **1. a) Calculer une probabilité simple**	Soit E l'événement « on gagne des bonbons » et $p(E)$ sa probabilité de réalisation. Chaque secteur ayant la même chance d'être désigné, alors : $p(E) = \dfrac{\text{nombre de résultats favorables}}{\text{nombre de résultats possibles}}$.
b) Déterminer un événement contraire	Notons $\overline{E}$ l'événement contraire de E. Pour obtenir $\overline{E}$ il suffit de mettre la phrase donnée à la forme négative : « Ne pas… ».
c) Calculer la probabilité d'un événement contraire	Utilise la propriété de l'événement contraire : $p(E) + p(\overline{E}) = 1$.
▶ **2. Calculer une probabilité composée**	Additionne le nombre de secteurs désignant une casquette ou des bonbons.

31 CORRIGÉ GUIDÉ

▶ **1. a)** Notons E l'événement « on gagne des bonbons ».

$p(E) = \dfrac{\text{nombre de résultats favorables}}{\text{nombre de résultats possibles}} = \dfrac{2}{8}$

Conclusion : $\boxed{p(E) = \dfrac{1}{4}}$

b) L'événement contraire de l'événement E « on gagne des bonbons » est l'événement « on ne gagne pas de bonbons ». Il est noté $\overline{E}$.

c) On sait que $p(E) + p(\overline{E}) = 1$.

Donc $p(\overline{E}) = 1 - p(E) = 1 - \dfrac{1}{4} = \dfrac{3}{4}$.

Conclusion : $\boxed{p(\overline{E}) = \dfrac{3}{4}}$.

> **AUTRE MÉTHODE**
> On peut aussi faire le calcul directement.
> $p(\overline{E}) = \dfrac{1+5}{8} = \dfrac{3}{4}$. En effet pour que $\overline{E}$ se réalise, il faut gagner une casquette ou un jouet.

▶ **2.** Notons F l'événement « on gagne une casquette ou des bonbons ».

$p(F) = \dfrac{1+2}{8} = \dfrac{3}{8}$. Conclusion : $\boxed{p(F) = \dfrac{3}{8}}$.

32 Asie • Juin 2019

Les carburants de voitures

EXERCICE 6

15 min
14 points

Voici un tableau concernant les voitures particulières « diesel ou essence » en circulation en France en 2014.

DOCUMENT 1

	Nombre de voitures en circulation (en milliers)	Parcours moyen annuel (en km/véhicule)
Diesel	19 741	15 430
Essence	11 984	8 344

Source : INSEE

▶ **1.** Vérifier qu'il y avait 31 725 000 voitures « diesel ou essence » en circulation en France en 2014.

▶ **2.** Quelle est la proportion de voitures essence parmi les voitures « diesel ou essence » en circulation en France en 2014 ?
Exprimer cette proportion sous forme de pourcentage.
On arrondira le résultat à l'unité.

▶ **3.** Fin décembre 2014, au cours d'un jeu télévisé, on a tiré au sort une voiture parmi les voitures « diesel ou essence » en circulation en France. On a proposé alors au propriétaire de la voiture tirée au sort de l'échanger contre un véhicule électrique neuf. Le présentateur a téléphoné à Hugo, l'heureux propriétaire de la voiture tirée au sort.
Voici un extrait du dialogue entre le présentateur et Hugo :

DOCUMENT 2

Le présentateur : Bonjour Hugo, quel âge a votre voiture ?
Hugo : Là, elle a 7 ans !
Le présentateur : Et combien a-t-elle de kilomètres au compteur ?
Hugo : Un peu plus de 100 000 km. Attendez, j'ai une facture du garage qui date d'hier... elle a exactement 103 824 km.
Le présentateur : « Ah ! Vous avez donc un véhicule diesel je pense !

Utiliser les probabilités • **SUJET 32**

À l'aide des données contenues dans le document 1 et dans le document 2 :

a) Expliquer pourquoi le présentateur pense que Hugo a un véhicule diesel.

b) Expliquer s'il est possible que la voiture de Hugo soit un véhicule essence.

LES CLÉS DU SUJET

● L'intérêt du sujet

À travers l'étude des différents carburants existant en France, tu vas travailler la notion de pourcentage et de moyenne.

● Nos coups de pouce, question par question

▶ 1. Lire un tableau de données	Les données utiles sont dans la première colonne du tableau.
▶ 2. Écrire une proportion sous forme de pourcentage	• Une proportion est une fraction ayant au numérateur l'effectif calculé et au dénominateur l'effectif total. • Pour exprimer cette proportion en pourcentage, multiplie-la par 100.
▶ 3. a) Calculer une moyenne arithmétique	Calcule le nombre de kilomètres parcourus par an par la propriétaire.
b) Connaître la notion d'événement impossible	Un événement impossible est un événement dont on est complètement sûr qu'il ne pourra jamais se produire.

32 CORRIGÉ GUIDÉ

▶ **1.** 19 741 000 + 11 984 000 = 31 725 000.

Il y a bien eu 31 725 000 voitures « diesel ou essence » en circulation en France.

▶ **2.** $\dfrac{11\,984\,000}{31\,725\,000} \times 100 \approx 38$.

Il y a environ 38 % de voitures essence en circulation.

RAPPEL
Une proportion est une fraction.

▶ **3. a)** $\dfrac{103\,824}{7} = 14\,832$.

Ce propriétaire a parcouru en moyenne 14 832 km par an.

Avec le document 1, le présentateur conclut que le véhicule de Hugo est probablement de type diesel.

b) L'événement « la voiture est de type diesel » n'est pas un événement certain car les données du document 1 ne sont que des moyennes : certains véhicules diesel peuvent parcourir plus ou moins que la valeur indiquée.

Conclusion : l'événement contraire, « la voiture est de type essence », n'est pas impossible.

Polynésie française • Septembre 2019

Téléchargements

EXERCICE 2

Hugo a téléchargé des titres musicaux sur son téléphone. Il les a classés par genre musical comme indiqué dans le tableau ci-dessous :

Genre musical	Pop	Rap	Techno	Variété française
Nombre de titres	35	23	14	28

▶ **1.** Combien de titres a-t-il téléchargés ?

▶ **2.** Il souhaite utiliser la fonction « lecture aléatoire » de son téléphone qui consiste à choisir au hasard parmi tous les titres musicaux téléchargés, un titre à diffuser. Tous les titres sont différents et chaque titre a autant de chances d'être choisi. On s'intéresse au genre musical du premier titre diffusé.
a) Quelle est la probabilité de l'événement « obtenir un titre Pop » ?
b) Quelle est la probabilité de l'événement « le titre diffusé n'est pas du Rap » ?
c) Un fichier musical audio a une taille d'environ 4 Mo (Mégaoctets). Sur le téléphone d'Hugo, il reste 1,5 Go (Gigaoctet) disponible. Il souhaite télécharger de nouveaux titres musicaux. Combien peut-il en télécharger au maximum ?
Rappel : 1 Go = 1 000 Mo.

LES CLÉS DU SUJET

▬● L'intérêt du sujet

Avant d'effectuer des téléchargements, Hugo doit connaître la quantité de mémoire qu'il possède sur son téléphone.

Utiliser les probabilités • CORRIGÉ **33**

● Nos coups de pouce, question par question

▶ **1. Extraire des informations** — Utilise le tableau de l'énoncé et effectue la somme des nombres de titres téléchargés.

▶ **2. a) et b) Calculer des probabilités simples** — Si E est un événement et si les résultats d'une expérience ont tous la même probabilité de réalisation, alors : $p(E) = \dfrac{\text{nombre de résultats favorables}}{\text{nombre de résultats possibles}}$.

c) Effectuer des conversions — Utilise la même unité (le Mo ou mégaoctet par exemple) pour la taille des fichiers et la capacité disponible. Effectue les conversions nécessaires.

33 CORRIGÉ GUIDÉ

▶ **1.** Soit N le nombre de titres téléchargés :
$$N = 35 + 23 + 14 + 28 = 100.$$
Conclusion : 100 titres ont été téléchargés.

▶ **2. a)** Notons E_1 l'événement « obtenir un titre Pop ».
Chaque titre a autant de chances d'être choisi, donc :
$$p(E_1) = \dfrac{\text{nombre de résultats favorables}}{\text{nombre de résultats possibles}} = \dfrac{35}{100}$$
$$\boxed{p(E_1) = 0{,}35}.$$

b) Notons E_2 l'événement « le titre diffusé n'est pas du Rap » :
$$p(E_2) = \dfrac{35 + 14 + 28}{100} = \dfrac{77}{100}$$
$$\boxed{p(E_2) = 0{,}77}.$$

c) Pour effectuer des téléchargements il reste 1,5 Go ou encore 1 500 Mo disponibles sur le téléphone de Hugo.
Si n est le nombre maximum de téléchargements que Hugo peut effectuer, alors :
$$n = \dfrac{1\,500}{4} = 375.$$
Conclusion : Hugo peut effectuer au maximum 375 téléchargements.

> **ATTENTION !**
> • 1 méga octet = 1 million d'octets = 1 000 000 octets ;
> • 1 giga octet = 1 milliard d'octets = 1 000 000 000 octets ;
> • Donc 1 Go = 1 000 Mo.

34 Polynésie française • Septembre 2018

France - Portugal

EXERCICE 2

15 min
14 points

Un amateur de football, après l'Euro 2016, décide de s'intéresser à l'historique des treize dernières rencontres entre la France et le Portugal, regroupées dans le tableau ci-dessous.
On rappelle la signification des résultats ci-dessous en commentant deux exemples :
• la rencontre du 3 mars 1973, qui s'est déroulée en France, a vu la victoire du Portugal par 2 buts à 1 ;
• la rencontre du 8 mars 1978, qui s'est déroulée en France, a vu la victoire de la France par 2 buts à 0.

Rencontres de football opposant la France et le Portugal depuis 1973		
3 mars 1973	France – Portugal	1 – 2
26 avril 1975	France – Portugal	0 – 2
8 mars 1978	France – Portugal	2 – 0
16 février 1983	Portugal – France	0 – 3
23 juin 1984	France – Portugal	3 – 2
24 janvier 1996	France – Portugal	3 – 2
22 janvier 1997	Portugal – France	0 – 2
28 juin 2000	Portugal – France	1 – 2
25 avril 2001	France – Portugal	4 – 0
5 juillet 2006	Portugal – France	0 – 1
11 octobre 2014	France – Portugal	2 – 1
4 septembre 2015	Portugal – France	0 – 1
10 juillet 2016	France – Portugal	0 – 1

▶ **1.** Depuis 1973, combien de fois la France a-t-elle gagné contre le Portugal ?

▶ **2.** Calculer le pourcentage du nombre de victoires de la France contre le Portugal depuis 1973. Arrondir le résultat à l'unité de %.

▶ **3.** Le 3 mars 1973, 3 buts ont été marqués au cours du match. Calculer le nombre moyen de buts par match sur l'ensemble des rencontres. Arrondir le résultat au dixième.

Résoudre des problèmes de proportionnalité • CORRIGÉ 34

LES CLÉS DU SUJET

● L'intérêt du sujet

Ces statistiques sur les rencontres de football entre la France et le Portugal portent sur 43 ans. Durant ces années, les joueurs ont changé mais les scores ont été relativement serrés !

● Nos coups de pouce, question par question

▶ 1. Comparer, pour chaque match, le nombre de buts de chaque équipe	Attention ! Tu dois prendre en compte les victoires de la France à domicile *et* à l'extérieur.
▶ 2. Calculer un pourcentage	Lors d'un match, l'équipe qui a marqué le plus de buts a gagné cette rencontre. Éventuellement, fais un petit tableau de proportionnalité.
▶ 3. Calculer une moyenne	Il s'agit de calculer la moyenne de buts marqués durant les 13 matchs. Utilise la définition de la moyenne d'une série statistique (voir Mémo).

34 CORRIGÉ GUIDÉ

▶ **1.** La lecture du tableau permet d'affirmer que la France a gagné 10 des 13 matchs livrés contre le Portugal.

▶ **2.** Le pourcentage p de victoires de la France est $p = \dfrac{10}{13} \times 100 = 77\ \%$

valeur arrondie à l'unité.

▶ **3.** La moyenne m d'une série statistique est égale au quotient de la somme de toutes les valeurs de la série par l'effectif total.

$$m = \dfrac{3+2+2+3+5+5+2+3+4+1+3+1+1}{13}$$

soit $m = \dfrac{35}{13}$.

$\boxed{m = 2{,}7}$ est une valeur arrondie au dixième.

ATTENTION !
Bien lire le texte ! Il s'agit de comptabiliser les buts marqués par les deux équipes sur l'ensemble des matchs disputés.

Polynésie française • Septembre 2019

L'éco-conduite

EXERCICE 6

L'éco-conduite est un comportement de conduite plus responsable permettant de :
• réduire ses dépenses : moins de consommation de carburant et un coût d'entretien du véhicule réduit ;
• limiter les émissions de gaz à effet de serre ;
• réduire le risque d'accident de 10 à 15 % en moyenne.

▶ **1.** Un des grands principes est de vérifier la pression des pneus de son véhicule. On considère des pneus dont la pression recommandée par le constructeur est de 2,4 bars.
a) Sachant qu'un pneu perd environ 0,1 bar par mois, en combien de mois la pression des pneus sera descendue à 1,9 bar, s'il n'y a eu aucun gonflage ?
b) Le graphique ci-dessous donne un pourcentage approximatif de consommation supplémentaire de carburant en fonction de la pression des pneus (zone colorée) :

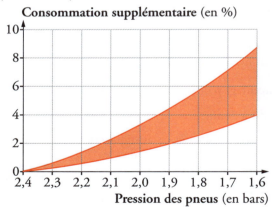

Source : www.eco-drive.ch

D'après le graphique pour des pneus gonflés à 1,9 bar alors que la pression recommandée est de 2,4 bars, donner un encadrement approximatif du pourcentage de la consommation supplémentaire de carburant.

Résoudre des problèmes de proportionnalité • SUJET 35

▶ **2.** Paul a remarqué que lorsque les pneus étaient correctement gonflés, sa voiture consommait en moyenne 6 L aux 100 km. Il décide de s'inscrire à un stage d'éco-conduite afin de diminuer sa consommation en carburant et donc l'émission en CO_2.

En adoptant les principes de l'éco-conduite, un conducteur peut diminuer sa consommation de carburant d'environ 15 %. Il souhaite, à l'issue du stage, atteindre cet objectif.

a) Quelle sera alors la consommation moyenne de la voiture de Paul ?
b) Sachant qu'il effectue environ 20 000 km en une année, combien de litres de carburant peut-il espérer économiser ?
c) Sa voiture roule à l'essence sans plomb. Le prix moyen est de 1,35 €/L. Quel serait alors le montant de l'économie réalisée sur une année ?
d) Ce stage lui a coûté 200 €. Au bout d'un an, peut-il espérer amortir cette dépense ?

LES CLÉS DU SUJET

● L'intérêt du sujet

Pratiquer l'éco-conduite, c'est pratiquer une conduite économique et écologique. En surveillant la pression des pneus, on peut augmenter la sécurité du conducteur et de ses passagers, mais aussi réduire les impacts sur l'environnement.

● Nos coups de pouce, question par question

▶ **1. a) Effectuer un calcul**	Calcule la diminution de la pression des pneus.
b) Effectuer des lectures graphiques	Lis sur le graphique la plus petite et la plus grande ordonnée possible du point d'abscisse 1,9.
▶ **2. a) Calculer des pourcentages**	Calcule la baisse de consommation lorsque les pneus sont convenablement gonflés.
b) Résoudre des problèmes de proportionnalité	Remarque qu'il s'agit d'une situation de proportionnalité, aide-toi d'un tableau :

Baisse de carburant	0,9	p
Distance parcourue	100	20 000

Résoudre des problèmes de proportionnalité • CORRIGÉ 35

c) Calculer avec des grandeurs mesurables — Calcule le montant de l'économie réalisée.

d) Comparer des grandeurs — Compare le prix du stage avec l'économie de carburant.

35 CORRIGÉ GUIDÉ

▶ **1. a)** La pression des pneus recommandée par le constructeur est 2,4 bars. Lorsque la pression est de 1,9 bar, elle est descendue de (2,4 − 1,9) c'est-à-dire de 0,5 bar.
Puisque le pneu perd 0,1 bar par mois, s'il n'y a aucun gonflage, la pression sera descendue à 1,9 bar au bout de 5 mois.

b) Nous lisons sur le graphique que les points A et B d'abscisse 1,9 possèdent une ordonnée comprise entre 2 et 4,5 (environ).

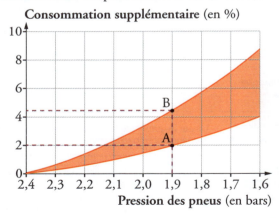

Donc un encadrement approximatif, en pourcentage, de la consommation supplémentaire de carburant est [2 ; 4,5].

Résoudre des problèmes de proportionnalité • CORRIGÉ **35**

▶ **2. a)** Une baisse de 15 % de la consommation d'un véhicule consommant 6 litres au 100 se traduit par une baisse de consommation égale à $6 \times \dfrac{15}{100}$ aux 100 km ou encore 0,9 litre aux 100 km. Alors la consommation est de (6 − 0,9) soit 5,1 L aux 100 km.

b) Une baisse de 0,9 litre de carburant aux 100 km correspond à une baisse de $\dfrac{0,9}{100} \times 20\ 000$ pour 20 000 km soit 180 litres de carburant.

c) L'économie réalisée sur une année sera de 180 × 1,35 soit 243 euros.

d) Le prix du stage est de 200 euros et l'économie réalisée en pratiquant l'éco-conduite est de 243 euros.

Conclusion : Paul peut espérer amortir le coût du stage.

36 France métropolitaine • Juin 2017

Les pots de confiture

EXERCICE 7 — 15 min — 7 points

Léo a ramassé des fraises pour faire de la confiture.

▶ **1.** Il utilise les proportions de sa grand-mère : 700 g de sucre pour 1 kg de fraises.
Il a ramassé 1,8 kg de fraises. De quelle quantité de sucre a-t-il besoin ?

▶ **2.** Après cuisson, Léo a obtenu 2,7 litres de confiture.
Il verse la confiture dans des pots cylindriques de 6 cm de diamètre et de 12 cm de haut, qu'il remplit jusqu'à 1 cm du bord supérieur.
Combien de pots pourra-t-il remplir ?
Rappels : 1 litre = 1 000 cm^3 ; volume d'un cylindre = $\pi \times R^2 \times h$.

▶ **3.** Il colle ensuite sur ses pots une étiquette rectangulaire de fond blanc qui recouvre toute la surface latérale du pot.
a) Montrer que la longueur de l'étiquette est d'environ 18,8 cm.
b) Dessiner l'étiquette à l'échelle $\frac{1}{3}$.

LES CLÉS DU SUJET

● L'intérêt du sujet

Nul besoin d'être chimiste pour préparer et savourer de bonnes confitures ! Cet exercice te permet de travailler les notions de proportionnalité et de volume à travers l'étude de la confection de pots de confiture.

● Nos coups de pouce, question par question

▶ **1. Calculer avec des grandeurs proportionnelles** — Dresse un tableau de proportionnalité entre les quantités de fraises et les quantités de sucre.

▶ **3. Dessiner le semi-patron d'un cylindre** — **a)** La longueur de l'étiquette correspond au périmètre du disque de base du cylindre.
b) L'échelle 1/3 signifie que les dimensions réelles sont divisées par 3 sur le dessin.

▶ Les étapes de résolution pour la question 2

Résoudre un problème

❶ Calcule le volume de confiture dans un pot, soit celui d'un cylindre de rayon $R = \frac{6}{2} = 3$ cm et de hauteur $h = 11$ cm en utilisant la formule donnée.

❷ Convertis ce volume en litres.

❸ Divise le volume de confiture par le volume disponible dans un pot et conclus.

36 CORRIGÉ GUIDÉ

▶ **1.** Il y a proportionnalité entre les quantités de sucre et de fraises :

Quantité de fraises (en kg)	1	1,8
Quantité de sucre (en g)	700	x

On trouve : $x = 700 \times 1,8 =$ 1 260
Donc il faudra 1 260 g de sucre.

▶ **2.** Les pots sont cylindriques avec pour rayon de base 3 cm et hauteur de remplissage 11 cm.
Le volume d'un pot est donc égal à :
$\pi \times r^2 \times h = \pi \times 3^2 \times 11 = 99\pi \approx 311$ cm³.
Par conversion, on a : 311 cm³ = 0,311 L.

ATTENTION
Il faut diviser le diamètre par 2 pour obtenir le rayon.

Comme $\dfrac{2,7}{0,311} \approx 8,7$, il pourra donc remplir entièrement 8 pots.

▶ **3. a)** La longueur L de l'étiquette correspond au périmètre du disque de base du pot.
Donc : $L = \pi \times D = \pi \times 6 \approx$ 18,8 cm .

b) L'échelle de représentation est $\dfrac{1}{3}$.

Cela signifie que toutes les dimensions réelles sont divisées par 3.

Le rectangle tracé aura donc pour longueur $18,8 \div 3 \approx 6,3$ cm et pour largeur $12 \div 3 = 4$ cm.

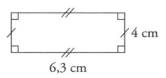

Centres étrangers • Juin 2019

La randonnée

EXERCICE 6

Une famille a effectué une randonnée en montagne. Le graphique ci-après donne la distance parcourue en km en fonction du temps en heures.

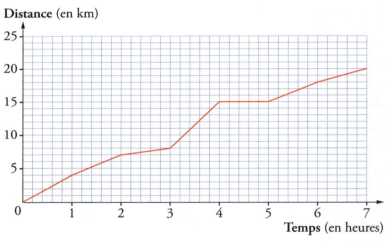

▶ **1.** Ce graphique traduit-il une situation de proportionnalité ? Justifier la réponse.

▶ **2.** On utilisera le graphique pour répondre aux questions suivantes. Aucune justification n'est demandée.
a) Quelle est la durée totale de cette randonnée ?
b) Quelle distance cette famille a-t-elle parcourue au total ?
c) Quelle est la distance parcourue au bout de 6 h de marche ?
d) Au bout de combien de temps ont-ils parcouru les 8 premiers km ?
e) Que s'est-il passé entre la 4e et la 5e heure de randonnée ?

▶ **3.** Un randonneur expérimenté marche à une vitesse moyenne de 4 km/h sur toute la randonnée.
Cette famille est-elle expérimentée ? Justifier la réponse.

Résoudre des problèmes de proportionnalité • CORRIGÉ

LES CLÉS DU SUJET

L'intérêt du sujet

La randonnée pédestre en montagne est la découverte d'un nouvel environnement autant qu'un sport exigeant. La randonnée a des règles qu'il faut impérativement respecter.

Nos coups de pouce, question par question

▶ 1. Reconnaître une situation de proportionnalité	Rappelle-toi qu'une situation de proportionnalité est graphiquement représentée par une droite passant par l'origine du repère.
▶ 2. Effectuer des lectures graphiques	a) Lis l'abscisse du point A. b) Lis l'ordonnée du point A. c) Lis l'ordonnée du point B d'abscisse 6. d) Lis l'abscisse du point C d'ordonnée 8. e) Quelle distance a été parcourue entre la 4ᵉ et la 5ᵉ heure ?
▶ 3. Calculer une vitesse moyenne	Utilise la relation $v = \dfrac{d}{t}$ où d désigne la distance parcourue, t le temps mis pour la parcourir et v la vitesse moyenne réalisée.

37 CORRIGÉ GUIDÉ

▶ **1.** Le graphique ne traduit pas une situation de proportionnalité. En effet ce n'est pas une droite passant par l'origine du repère.

▶ **2. a)** Le point A situé sur le graphique a pour abscisse 7.
La durée totale de la randonnée est de 7 heures.

ATTENTION !
Le point A situé sur le graphique représente l'arrivée de la randonnée.

b) Le point A situé sur le graphique a pour ordonnée 20.
La famille a parcouru 20 km.

c) Le point B situé sur le graphique et d'abscisse 6 a pour ordonnée 18.
La distance parcourue au bout de 6 h de marche est de 18 km.

d) Le point C situé sur le graphique et d'ordonnée 8 a pour abscisse 3.
Les 8 premiers kilomètres ont été parcourus en 3 heures.

e) Aucune distance n'a été parcourue entre la 4ᵉ et la 5ᵉ heure.
Cela peut correspondre à une pause.

▶ **3.** Calculons la vitesse moyenne v de la famille au cours de la randonnée.
Cette famille a parcouru 20 km en 7 h.
Donc $v = \dfrac{d}{t} = \dfrac{20}{7}$ km/h. Nous remarquons que $\dfrac{20}{7} < 4$.
Conclusion : la famille n'est pas expérimentée.

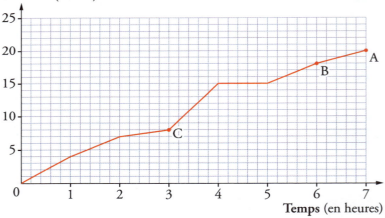

38 France métropolitaine • Septembre 2019

Les pièces montées

EXERCICE 4

15 min
16 points

Pour le mariage de Dominique et Camille, le pâtissier propose deux pièces montées constituées de gâteaux de taille et de forme différentes.

La tour de Pise

La première pièce montée est constituée d'un empilement de 4 gâteaux de forme cylindrique, de même hauteur et dont le diamètre diminue de 8 cm à chaque étage.

Le gâteau du bas a pour diamètre 30 cm et pour hauteur 6 cm.

La tour Carrée

La deuxième pièce montée est constituée d'un empilement de 3 pavés droits à base carrée de même hauteur. La longueur du côté de la base diminue de 8 cm à chaque étage.

La hauteur des gâteaux est 8 cm ; le côté de la base du gâteau du bas mesure 24 cm.

Tous les gâteaux ont été confectionnés à partir de la recette ci-dessous, qui donne la quantité des ingrédients correspondant à 100 g de chocolat.

Recette du gâteau pour 100 g de chocolat :	• 65 g de sucre • 2 œufs • 75 g de beurre • 30 g de farine

▶ **1.** Quel est le ratio (masse de beurre : masse de chocolat) ? Donner le résultat sous forme de fraction irréductible.

▶ **2.** Calculer la quantité de farine nécessaire pour 250 g de chocolat noir suivant la recette ci-avant.

Résoudre des problèmes de proportionnalité • SUJET 38

▶ **3.** Calculer la longueur du côté de la base du plus petit gâteau de la tour Carrée.

▶ **4.** Quelle est la tour qui a le plus grand volume ? Justifier votre réponse en détaillant les calculs.
On rappelle que le volume V d'un cylindre de rayon r et de hauteur h est donné par la formule : $V = \pi \times r^2 \times h$.

LES CLÉS DU SUJET

● L'intérêt du sujet

Les pièces montées sont des gâteaux à étages souvent mangées lors des mariages. À travers l'étude du volume de pièces montées, tu vas travailler la proportionnalité et le calcul littéral.

● Nos coups de pouce, question par question

▶ **1. Connaître la notion de ratio**
Le ratio est une fraction, ici : ratio = $\dfrac{\text{masse de beurre}}{\text{masse de chocolat}}$.

▶ **2. Calculer avec des grandeurs proportionnelles**
Dresse un tableau de proportionnalité entre la masse de farine et la masse de chocolat.

▶ **3. Effectuer des calculs numériques**
Observe que chaque étage perd 8 cm de longueur de côté.

● Les étapes de résolution pour la question 4

Calculer le volume d'un cylindre et d'un pavé droit

❶ Calcule le volume de chaque étage de la tour Carrée.

❷ Ajoute-les pour avoir le volume total de la tour Carrée.

❸ Fais de même pour la tour de Pise en utilisant la formule du volume d'un cylindre donnée.

❹ Compare les deux résultats obtenus et conclus en indiquant la pièce montée qui a le plus grand volume.

Résoudre des problèmes de proportionnalité • CORRIGÉ 38

38 CORRIGÉ GUIDÉ

▶ **1.** Le ratio est : $\dfrac{\text{masse de beurre}}{\text{masse de chocolat}} = \dfrac{75}{100} = \dfrac{3}{4}$

$$\boxed{\text{Ratio} = \dfrac{3}{4}}.$$

▶ **2.** On peut dresser un tableau de proportionnalité :

Masse de chocolat (g)	100	250
Masse de farine (g)	30	x

$x = \dfrac{30 \times 250}{100} = 75$ g.

Donc il faut 75 g de farine pour 250 g de chocolat noir.

▶ **3.** Chaque étage perd 8 cm de longueur de côté, donc le côté du plus petit carré de la tour Carrée mesure :

$$\boxed{24 - 8 - 8 = 8 \text{ cm}}.$$

▶ **4.** Le volume de la tour Carrée est :

$V_{\text{tour Carrée}} = V_{1^{\text{er}} \text{ étage}} + V_{2^e \text{ étage}} + V_{3^e \text{ étage}}$
$V_{\text{tour Carrée}} = 24 \times 24 \times 8 + 16 \times 16 \times 8 + 8 \times 8 \times 8$
$V_{\text{tour Carrée}} = 4\,608 + 2\,048 + 512$
$\boxed{V_{\text{tour Carrée}} = 7\,168 \text{ cm}^3}$.

ATTENTION !
N'oublie pas d'enlever 8 cm au diamètre ou au côté quand tu passes d'un étage à l'autre.

Le volume de la tour de Pise est :

$V_{\text{tour de Pise}} = V_{1^{\text{er}} \text{ étage}} + V_{2^e \text{ étage}} + V_{3^e \text{ étage}} + V_{4^e \text{ étage}}$
$V_{\text{tour de Pise}} = \pi \times 15^2 \times 6 + \pi \times 11^2 \times 6 + \pi \times 7^2 \times 6 + \pi \times 3^2 \times 6$
$V_{\text{tour de Pise}} = 2\,424\pi$
$\boxed{V_{\text{tour de Pise}} \approx 7\,615 \text{ cm}^3}$.

C'est donc la tour de Pise qui a le plus grand volume.

39 — Centres étrangers • Juin 2018

Facture de gaz

EXERCICE 5

15 min — 18 points

Sur une facture de gaz, le montant à payer tient compte de l'abonnement annuel et du prix correspondant au nombre de kilowattheures (kWh) consommés.
Deux fournisseurs de gaz proposent les tarifs suivants :

	Prix du kWh	Abonnement annuel
Tarif A (en €)	0,0609	202,43
Tarif B (en €)	0,0574	258,39

En 2016, la famille de Romane a consommé 17 500 kWh. Le montant annuel de la facture de gaz correspondant était de 1 268,18 €.

▶ **1.** Quel est le tarif souscrit par cette famille ?
Depuis 2017, cette famille diminue sa consommation de gaz par des gestes simples (baisser le chauffage de quelques degrés, mettre un couvercle sur la casserole d'eau pour la porter à ébullition, réduire le temps sous l'eau dans la douche, etc.).

▶ **2.** En 2017, cette famille a gardé le même fournisseur de gaz, mais sa consommation en kWh a diminué de 20 % par rapport à celle de 2016.
a) Déterminer le nombre de kWh consommés en 2017.
b) Quel est le montant des économies réalisées par la famille de Romane entre 2016 et 2017 ?

▶ **3.** On souhaite déterminer la consommation maximale assurant que le tarif A est le plus avantageux. Pour cela :
• On note x le nombre de kWh consommés sur l'année.
• On modélise les tarifs A et B respectivement par les fonctions f et g :
$f(x) = 0,0609x + 202,43$ et $g(x) = 0,0574x + 258,39$.
a) Quelles sont la nature et la représentation graphique de ces fonctions ?
b) Résoudre l'inéquation : $f(x) < g(x)$.
c) En déduire une valeur approchée au kWh près de la consommation maximale pour laquelle le tarif A est le plus avantageux.

Utiliser la notion de fonction • CORRIGÉ 39

LES CLÉS DU SUJET

● L'intérêt du sujet

Une facture de gaz comporte deux postes importants : un abonnement annuel et le prix du gaz, au tarif réglementé, correspondant aux kWh consommés.

● Nos coups de pouce, question par question

▶ 1. Comparer deux montants	Calcule les montants annuels de la facture avec le tarif A, puis avec le tarif B. Compare-les et conclus.
▶ 2. Appliquer un pourcentage	Une diminution de n % d'une quantité Q correspond à une diminution de $\frac{n}{100} \times Q$. Calcule la diminution de la consommation en 2017.
▶ 3. Reconnaître des fonctions affines Résoudre une inéquation	• L'expression algébrique d'une fonction affine f est : $f(x) = ax + b$. • Résous l'inéquation : $0,0609x + 202,43 < 0,0574x + 258,39$. Conclus.

39 CORRIGÉ GUIDÉ

▶ **1.** Notons P_A le montant de la facture avec le tarif A.
$P_A = 17\,500 \times 0{,}0609 + 202{,}43$ soit $P_A = 1\,268{,}18$ euros.
Notons P_B le montant de la facture avec le tarif B.
$P_B = 17\,500 \times 0{,}0574 + 258{,}39$ soit $P_B = 1\,262{,}89$ euros.
La famille a souscrit le tarif A.

Utiliser la notion de fonction • CORRIGÉ

▶ **2. a)** La consommation de gaz a diminué de 20 % en 2017.
Cela correspond à $\frac{20}{100} \times 17\,500$ soit 3 500 kWh en moins.
La famille a donc consommé 17 500 − 3 500 kWh soit $\boxed{14\,000\text{ kWh}}$.

b) Le montant des économies réalisées est
3 500 × 0,0609 soit $\boxed{213{,}15\text{ euros}}$.

▶ **3. a)** f et g sont deux fonctions affines. Chacune d'elle admet pour représentation graphique une droite ne passant pas par l'origine du repère.

ATTENTION !
Les économies réalisées se font sur la consommation de gaz et non sur l'abonnement annuel dont le prix est invariant !

b) Résolvons l'inéquation $f(x) < g(x)$.
Nous avons $0{,}0609x + 202{,}43 < 0{,}0574x + 258{,}39$.
$0{,}0609x - 0{,}0574x < 258{,}39 - 202{,}43$
$0{,}0035x < 55{,}96$
$\boxed{x < \dfrac{55{,}96}{0{,}0035}}$

ATTENTION !
Pour obtenir le résultat final, on divise chaque membre de l'inéquation par un nombre positif. On ne change donc pas le sens de l'inégalité !

c) Une valeur approchée à l'unité de $\dfrac{55{,}96}{0{,}0035}$ est 15 988.

Conclusion : 15 988 est une valeur approchée au kWh près de la consommation maximale pour laquelle le tarif A est le plus avantageux.

40 — Amérique du Nord • Juin 2019

Le médicament

EXERCICE 6

15 min
12 points

Les deux parties A et B sont indépendantes.

PARTIE A • ABSORPTION DU PRINCIPE ACTIF D'UN MÉDICAMENT

Lorsqu'on absorbe un médicament, que ce soit par voie orale ou non, la quantité de principe actif de ce médicament dans le sang évolue en fonction du temps. Cette quantité se mesure en milligrammes par litre de sang.

Le graphique ci-dessous représente la quantité de principe actif d'un médicament dans le sang, en fonction du temps écoulé, depuis la prise de ce médicament.

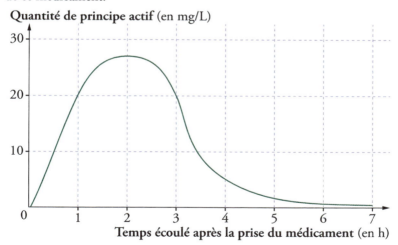

▶ **1.** Quelle est la quantité de principe actif dans le sang, trente minutes après la prise de ce médicament ?

▶ **2.** Combien de temps après la prise de ce médicament, la quantité de principe actif est-elle la plus élevée ?

Utiliser la notion de fonction • SUJET 40

PARTIE B • COMPARAISON DE MASSES D'ALCOOL DANS DEUX BOISSONS

On fournit les données ci-dessous :

Formule permettant de calculer la masse d'alcool en g dans une boisson alcoolisée : $m = V \times d \times 7{,}9$ V : volume de la boisson alcoolisée en cL d : degré d'alcool de la boisson (exemple, un degré d'alcool de 2 % signifie que d est égal à 0,02)	Deux exemples de boissons alcoolisées : **Boisson ①** Degré d'alcool : 5 % Contenance : 33 cL **Boisson ②** Degré d'alcool : 12 % Contenance : 125 mL

▶ Question : la boisson ① contient-elle une masse d'alcool supérieure à celle de la boisson ② ?

LES CLÉS DU SUJET

● L'intérêt du sujet

Les médicaments issus de la chimie moderne permettent de te remettre sur pied en cas de maladie. À travers l'étude du temps d'action d'un médicament, tu vas travailler la lecture de courbe et le calcul littéral.

● Nos coups de pouce, question par question

Partie A
▶ **1. Convertir une durée Lire une courbe**
- Souviens-toi que 30 min = 0,5 h.
- Lis l'ordonnée du point de la courbe d'abscisse 0,5.

▶ **2. Repérer le maximum d'une courbe**
Lis l'abscisse qui correspond au maximum de la courbe.

● Les étapes de résolution pour la partie B

Substituer dans une expression littérale

❶ Calcule la masse d'alcool dans la boisson 1 : remplace V par 33 et d par 5 % = 0,05 dans la formule donnée.

❷ Calcule de la même façon la masse d'alcool dans la boisson 2, en commençant par convertir le volume en cL.

❸ Compare les masses obtenues et conclus.

40 CORRIGÉ GUIDÉ

PARTIE A

▶ **1.** La quantité de principe actif dans le sang, trente minutes après la prise de ce médicament, est de $\boxed{10 \text{ mg/L}}$.

RAPPEL
30 minutes correspondent à ½ h.

▶ **2.** La quantité de principe actif est la plus élevée au bout de $\boxed{2 \text{ h}}$.

PARTIE B

• La masse d'alcool présente dans la boisson alcoolisée ① est de :
$m_1 = V_1 \times d_1 \times 7{,}9 = 33 \times 0{,}05 \times 7{,}9 = \boxed{13{,}035 \text{ g}}$

• La masse d'alcool présente dans la boisson alcoolisée ② est de :
$m_2 = V_2 \times d_2 \times 7{,}9 = 12{,}5 \times 0{,}12 \times 7{,}9 = \boxed{11{,}85 \text{ g}}$

Donc la boisson ① contient une masse d'alcool supérieure à celle de la boisson ②.

41 Asie • Juin 2019

Reconnaître une fonction

EXERCICE 7

Les représentations graphiques $\mathcal{C}_1$ et $\mathcal{C}_2$ de deux fonctions sont données dans le repère ci-dessous.
Une de ces deux fonctions est la fonction f définie par $f(x) = -2x + 8$.

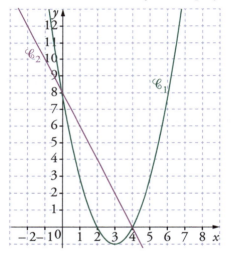

▶ **1.** Laquelle de ces deux représentations est celle de la fonction f ?

▶ **2.** Que vaut $f(3)$?

▶ **3.** Calculer le nombre qui a pour image 6 par la fonction f.

▶ **4.** La feuille de calcul ci-dessous permet de calculer des images par la fonction f.

	A	B	C	D	E	F	G
1	x	−2	−1	0	1	2	3
2	$f(x)$						

Quelle formule peut-on saisir dans la cellule B2 avant de l'étirer vers la droite jusqu'à la cellule G2 ?

Utiliser la notion de fonction • **SUJET 41**

LES CLÉS DU SUJET

● L'intérêt du sujet

Les fonctions sont très importantes en mathématiques. Elles servent, par exemple, à calculer l'aire d'une pelouse rectangulaire, le prix d'un plein de carburant, le montant des impôts à payer, la vitesse moyenne d'une voiture, la distance de freinage…

● Nos coups de pouce, question par question

▶ 1. Reconnaître une fonction affine	L'expression algébrique d'une fonction affine est $f(x) = ax + b$.
▶ 2. Calculer l'image d'un nombre donné par une fonction	• Remplace x par 3 dans $f(x) = -2x + 8$. • Vérifie sur le graphique donné dans l'énoncé.
▶ 3. Calculer l'antécédent d'un nombre par une fonction	• Résous l'équation $f(x) = 6$. • Vérifie ton résultat sur le graphique.
▶ 4. Travailler avec un tableur	En B2, la valeur calculée est $f(-2)$.

S'ENTRAÎNER

CORRIGÉ GUIDÉ

▶ **1.** La fonction f définie par $f(x) = -2x + 8$ est une fonction affine. En effet son expression algébrique est de la forme $f(x) = ax + b$. Sa représentation graphique est donc une droite.

Conclusion : $\mathcal{C}_2$ est la représentation graphique de la fonction f.

▶ **2.** $f(x) = -2x + 8$, donc $f(3) = -2 \times 3 + 8$ soit :
$$\boxed{f(3) = 2}.$$

▶ **3.** Si x est le nombre qui a pour image 6 par la fonction f, alors :
$$f(x) = 6$$
$$-2x + 8 = 6$$
$$-2x = 6 - 8$$
$$-2x = -2$$
$$x = \frac{-2}{-2}$$
$$\boxed{x = 1}.$$

REMARQUE
L'image de 3 par la fonction f est 2.
L'antécédent de 6 par la fonction f est 1.

▶ **4.** La formule à saisir dans la cellule B2 est :
$$\boxed{\text{=-2*B1+8}}.$$

42 France métropolitaine • Septembre 2019

Le réchauffement climatique

EXERCICE 3

Les activités humaines produisent du dioxyde de carbone (CO_2) qui contribue au réchauffement climatique. Le graphique suivant représente l'évolution de la concentration atmosphérique moyenne en CO_2 (en ppm) en fonction du temps (en année).

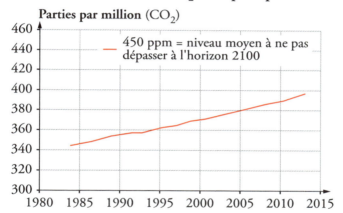

Concentration de CO_2 atmosphérique

Source : Centre Mondial de Données relatives aux Gaz à Effet de Serre sous l'égide de l'OMM

1 ppm de CO_2 = 1 partie par million de CO_2
= 1 milligramme de CO_2 par kilogramme d'air.

▶ **1.** Déterminer graphiquement la concentration de CO_2 en ppm en 1995, puis en 2005.

▶ **2.** On veut modéliser l'évolution de la concentration de CO_2 en fonction du temps à l'aide d'une fonction g, où $g(x)$ est la concentration de CO_2 en ppm en fonction de l'année x.
a) Expliquer pourquoi une fonction affine semble appropriée pour modéliser la concentration en CO_2 en fonction du temps entre 1995 et 2005.

b) Arnold et Billy proposent chacun une expression pour la fonction g : Arnold propose l'expression $g(x) = 2x - 3\,630$; Billy propose l'expression $g(x) = 2x - 2\,000$. Quelle expression modélise le mieux l'évolution de la concentration de CO_2 ? Justifier.

c) En utilisant la fonction que vous avez choisie à la question précédente, indiquer l'année pour laquelle la valeur de 450 ppm est atteinte.

▶ **3.** En France, les forêts, grâce à la photosynthèse, captent environ 70 mégatonnes de CO_2 par an, ce qui représente 15 % des émissions nationales de carbone (année 2016). Calculer une valeur approchée à une mégatonne près de la masse M du CO_2 émis en France en 2016.

LES CLÉS DU SUJET

● L'intérêt du sujet

Les émissions de gaz à effet de serre, tels que la vapeur d'eau, le méthane, le dioxyde de carbone et le protoxyde d'azote, augmentent régulièrement. Elles sont à l'origine du réchauffement climatique.

● Nos coups de pouce, question par question

▶ **1. Effectuer des lectures graphiques**	• Lis l'ordonnée du point situé sur le graphique et d'abscisse 1995. • Lis l'ordonnée du point situé sur le graphique et d'abscisse 2005.
▶ **2. a) Approcher une courbe par la représentation d'une fonction affine**	• Remarque que le graphique est pratiquement une droite ! • Vérifie à l'aide d'une règle.
b) Exploiter la notion de fonction	Calcule les images de 1995 et de 2005 en prenant l'expression proposée par Arnold, puis celle proposée par Billy. Conclus.
c) Résoudre une équation	Résous l'équation $g(x) = 450$, c'est-à-dire $2x - 3\,630 = 450$.
▶ **3. Résoudre un problème de pourcentage**	Note M la masse de CO_2 émise en France en 2016 puis traduis l'énoncé par une équation que tu résous.

Utiliser la notion de fonction • CORRIGÉ 42

CORRIGÉ GUIDÉ

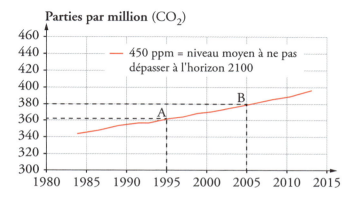

▶ **1.** L'ordonnée du point A situé sur le graphique et d'abscisse 1995 est environ 360.

La concentration de CO_2 en 1995 était d'environ **360 ppm**.

L'ordonnée du point B situé sur le graphique et d'abscisse 2005 est environ 380.

La concentration de CO_2 en 2005 était d'environ **380 ppm**.

ATTENTION !
Ne pas oublier que les lectures graphiques ne peuvent pas fournir des valeurs exactes. D'où l'importance du mot « environ ».

▶ **2. a)** Entre A et B, le graphique obtenu est très voisin d'une droite. Donc une **fonction affine** semble appropriée pour modéliser la concentration en CO_2 en ppm et en fonction de l'année x.

b) Calculons les images des nombres 1995 puis 2005 en prenant l'expression choisie par Arnold : $g(x) = 2x - 3\,630$. On trouve :

$$g(1995) = 2 \times 1995 - 3\,630 = 360$$
$$g(2005) = 2 \times 2005 - 3\,630 = 380.$$

Calculons les images des nombres 1 995 puis 2005 en prenant l'expression choisie par Billy : $g(x) = 2x - 2\,000$. On trouve :

$$g(1995) = 2 \times 1995 - 2\,000 = 1\,990$$
$$g(2005) = 2 \times 2\,005 - 2\,000 = 2\,010.$$

À la première question, nous avons vu que les points (1995 ; 360) et (2005 ; 380) étaient sur le graphique.

Conclusion : l'expression d'Arnold, $g(x) = 2x - 3\,630$, modélise le mieux la concentration en CO_2.

c) Résolvons l'équation $2x - 3\,630 = 450$ soit :
$$2x = 450 + 3\,630$$
$$x = \frac{450 + 3\,630}{2} = 2\,040.$$
Conclusion : la valeur de 450 ppm sera atteinte en 2040.

▶ **3.** Notons M la masse de CO_2 émise en France en 2016.
$\dfrac{15}{100} \times M = 70$ ou encore $M = \dfrac{70 \times 100}{15} = 466{,}666\ldots$

D'où, à une mégatonne près :

$\boxed{M = 467 \text{ mégatonnes}}$.

43 Asie • Juin 2019

Le puits

EXERCICE 4

15 min
16 points

Pour fabriquer un puits dans son jardin, Mme Martin a besoin d'acheter 5 cylindres en béton comme celui décrit ci-dessous.

Caractéristiques d'un cylindre :
- diamètre intérieur : 90 cm
- diamètre extérieur : 101 cm
- hauteur : 50 cm
- masse volumique du béton : 2 400 kg/m³

Rappel : volume d'un cylindre = $\pi \times$ rayon $\times$ rayon $\times$ hauteur
Dans sa remorque, elle a la place pour mettre les 5 cylindres mais elle ne peut transporter que 500 kg au maximum.
À l'aide des caractéristiques du cylindre, déterminer le nombre minimum d'allers-retours nécessaires à Mme Martin pour rapporter ses 5 cylindres avec sa remorque.

Calculer avec des grandeurs mesurables • CORRIGÉ **43**

LES CLÉS DU SUJET

● L'intérêt du sujet

L'eau potable est une denrée qui se raréfie sur Terre. Dans cet exercice, qui étudie la construction d'un puits cylindrique, tu vas travailler les notions de proportionnalité, de volume et de masse volumique.

● Les étapes de résolution

Résoudre un problème

① Détermine les rayons intérieurs et extérieurs d'un cylindre.

② Calcule les volumes des cylindres intérieurs et extérieurs.

③ Déduis-en le volume d'un cylindre de béton.

④ Par proportionnalité, calcule la masse d'un cylindre en utilisant l'information sur la masse volumique.

⑤ Détermine le nombre d'allers-retours à faire.

43 CORRIGÉ GUIDÉ

• **Étape 1.** Calculer le volume d'un cylindre en béton.

ATTENTION !
Le cylindre n'est pas plein : il faut soustraire le volume intérieur au volume extérieur.

Le rayon intérieur d'un cylindre est :
$$\frac{90}{2} = 45 \text{ cm} = 0{,}45 \text{ m}.$$

Le rayon extérieur d'un cylindre est :
$$\frac{101}{2} = 50{,}5 \text{ cm} = 0{,}505 \text{ m}.$$

Le volume du cylindre extérieur est :
$$V_{\text{cylindre extérieur}} = \pi \times 0{,}505^2 \times 0{,}5 = 0{,}1275125\pi \text{ m}^3.$$

Le volume du cylindre intérieur est :
$$V_{\text{cylindre intérieur}} = \pi \times 0{,}45^2 \times 0{,}5 = 0{,}10125\pi \text{ m}^3.$$

Calculer avec des grandeurs mesurables • CORRIGÉ **43**

D'où le volume d'un cylindre en béton :
$$V_{\text{cylindre en béton}} = V_{\text{cylindre extérieur}} - V_{\text{cylindre intérieur}}$$
$$V_{\text{cylindre en béton}} = 0{,}1275125\,\pi - 0{,}10125\,\pi$$
$$\boxed{V_{\text{cylindre en béton}} = 0{,}0262625\pi \text{ m}^3}.$$

- **Étape 2.** Calculer la masse d'un cylindre en béton.
$$M = 2\,400 \times 0{,}0262625\,\pi$$
$$\boxed{M \approx 198 \text{ kg}}.$$

- **Étape 3.** Estimer le nombre d'allers-retours à faire.

$2 \times 198 = 396 < 500$ et $3 \times 198 = 594 > 500$, donc Mme Martin ne peut transporter que 2 cylindres à la fois.

Donc elle devra faire 3 allers-retours pour tout transporter.

44 Antilles, Guyane • Juin 2019

Les verres de jus de fruits

EXERCICE 6

Pour servir ses jus de fruits, un restaurateur a le choix entre deux types de verres : un verre cylindrique A de hauteur 10 cm et de rayon 3 cm et un verre conique B de hauteur 10 cm et de rayon 5,2 cm.

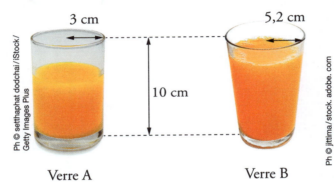

Verre A · Verre B

Rappels :
- Volume d'un cylindre de rayon r et de hauteur h : $\pi \times r^2 \times h$
- Volume d'un cône de rayon r et de hauteur h : $\dfrac{1}{3} \times \pi \times r^2 \times h$
- 1 L = 1 dm³

Le graphique ci-après représente le volume de jus de fruits dans chacun des verres en fonction de la hauteur de jus de fruits qu'ils contiennent.

Calculer avec des grandeurs mesurables • SUJET 44

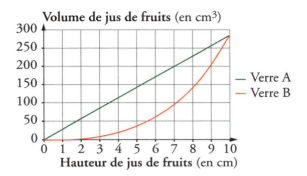

▶ **1.** Répondre aux questions suivantes à l'aide du graphique ci-dessus.
a) Pour quel verre le volume et la hauteur de jus de fruits sont-ils proportionnels ? Justifier.
b) Pour le verre A, quel est le volume de jus de fruits si la hauteur est de 5 cm ?
c) Quelle est la hauteur de jus de fruits si on en verse 50 cm^3 dans le verre B ?

▶ **2.** Montrer, par le calcul, que les deux verres ont le même volume total à 1 cm^3 près.

▶ **3.** Calculer la hauteur du jus de fruits servi dans le verre A pour que le volume de jus soit égal à 200 cm^3. Donner une valeur approchée au centimètre près.

▶ **4.** Un restaurateur sert ses verres de telle sorte que la hauteur du jus de fruits dans le verre soit égale à 8 cm.
a) Par lecture graphique, déterminer quel type de verre le restaurateur doit choisir pour servir le plus grand nombre possible de verres avec 1 L de jus de fruits.
b) Par le calcul, déterminer le nombre maximum de verres A qu'il pourra servir avec 1 L de jus de fruits.

Calculer avec des grandeurs mesurables • **SUJET** **44**

LES CLÉS DU SUJET

L'intérêt du sujet

Un restaurateur doit toujours, en fonction des quantités d'ingrédients dont il dispose, optimiser ses ventes. À travers ce thème, tu vas pouvoir travailler les notions de proportionnalité, d'équation, de volume et de lecture graphique.

Nos coups de pouce, question par question

▶ **1. a)** Reconnaître graphiquement une situation de proportionnalité	Une situation de proportionnalité est représentée graphiquement par une droite passant par l'origine du repère.
b) et c) Lire un graphique	**b)** Lis l'ordonnée du point d'abscisse 5 sur la courbe du verre A. **c)** Lis l'abscisse du point d'ordonnée 50 sur la courbe du verre B.
▶ **2. Calculer le volume d'un cylindre ou d'un cône en substituant dans une formule**	• Pour le verre A, remplace r par 3 et h par 10. • Opère le même raisonnement pour le verre B, en utilisant les valeurs de r et de h qui lui sont propres.
▶ **3. Résoudre une équation du 1er degré à une inconnue**	Résous l'équation $\pi \times 3^2 \times h = 200$.
▶ **4. a) Comparer deux courbes**	Regarde quelle courbe est en dessous de l'autre.
b) Passer d'unités de volume à des unités de contenance	• Calcule le volume d'un verre A. • Sachant que 1 L = 1 000 cm^3, détermine le nombre de verres.

CORRIGÉ GUIDÉ

▶ **1. a)** La représentation graphique correspondant au verre A est une droite passant par l'origine du repère, donc le volume de jus de fruits et la hauteur sont proportionnels pour le verre A.

b) Pour le verre A, si la hauteur est de 5 cm, le volume de jus de fruits lu sur le graphique est environ 140 cm³.

c) Si on verse 50 cm³ dans le verre B, la hauteur de jus de fruits lue sur le graphique est environ 5,6 cm.

▶ **2.** Le volume du verre A est :
$$V_{\text{verre A}} = \pi \times 3^2 \times 10 = 90\pi \approx 283 \text{ cm}^3.$$
Le volume du verre B est :
$$V_{\text{verre B}} = \frac{1}{3} \times \pi \times 5{,}2^2 \times 10 \approx 283 \text{ cm}^3.$$
Donc les volumes sont bien égaux à 1 cm³ près.

▶ **3.** Si h est la hauteur du jus de fruits servi dans le verre A pour que le volume de jus soit égal à 200 cm³, alors :
$$\pi \times 3^2 \times h = 200$$
$$h = \frac{200}{\pi \times 3^2}$$
$$\boxed{h \approx 7 \text{ cm}}.$$

▶ **4. a)** La courbe représentant l'évolution du volume du verre B est en dessous de celle qui représente l'évolution du volume du verre A.
Le restaurateur aura intérêt à choisir le verre B pour servir le plus grand nombre de verres.

b) Pour une hauteur de 8 cm :
$$V_{\text{verre A}} = \pi \times 3^2 \times 8 = 72\pi \text{ cm}^3.$$
Or 1 L = 1 000 cm³ et $\frac{1\,000}{72\pi} \approx 4{,}4$ verres.

RAPPEL
1 L = 1 000 cm³.

Conclusion : avec 1 L de jus de fruits, le restaurateur pourra servir au plus 4 verres A.

Polynésie française • Septembre 2017

Le marathon

EXERCICE 5

15 min
7 points

L'épreuve du marathon consiste à parcourir le plus rapidement possible la distance de 42,195 km en course à pied. Cette distance se réfère historiquement à l'exploit effectué par le Grec Philipidès, en 490 av. J.-C., pour annoncer la victoire des Grecs contre les Perses. Il s'agit de la distance entre Marathon et Athènes.

▶ **1.** En 2014, le Kényan Dennis Kimetto a battu l'ancien record du monde en parcourant cette distance en 2 h 2 min 57 s. Quel est alors l'ordre de grandeur de sa vitesse moyenne :
5 km/h, 10 km/h ou 20 km/h ?

▶ **2.** Lors de cette même course, le Britannique Scott Overall a mis 2 h 15 min pour réaliser son marathon. Calculer sa vitesse moyenne en km/h. Arrondir la valeur obtenue au centième de km/h.

▶ **3.** Dans cette question, on considérera que Scott Overall court à une vitesse constante. Au moment où Dennis Kimetto franchit la ligne d'arrivée, déterminer :
a) le temps qu'il reste à courir à Scott Overall ;
b) la distance qu'il lui reste à parcourir. Arrondir le résultat au mètre près.

LES CLÉS DU SUJET

● L'intérêt du sujet

L'épreuve du marathon est une épreuve individuelle de course à pied, créée aux JO d'Athènes en 1896. Dans cet exercice, tu vas pouvoir travailler les notions de vitesse et de durée.

● Nos coups de pouce, question par question

▶ **1. Calculer une vitesse**
Connaître la notion d'ordre de grandeur

- Arrondis à 40 km la distance d parcourue lors du marathon et à 2 heures le temps t que Dennis Kimetto a mis pour parcourir cette distance.
- Puis utilise la formule $V = \dfrac{d}{t}$.

Calculer avec des grandeurs mesurables • CORRIGÉ 45

▶ **2. Calculer une vitesse Convertir des unités de temps**	• Convertis 2 h 15 min en heures, sachant que : 15 min = $\frac{1}{4}$ h. • Puis utilise la formule $V = \frac{d}{t}$.
▶ **3. a) Calculer une différence de durées**	Soustrais le temps de course d'Overall de celui de Kimetto en notant que 15 min = 14 min 60 s.
b) Calculer une distance	• Convertis le temps obtenu en minutes, sachant que : 1 min = 60 s. • Calcule la distance d sachant que : $d = V \times t$.

45 CORRIGÉ GUIDÉ

▶ **1.** Le Kenyan a parcouru les 42 km en environ 2 h.

RAPPEL
$V = \frac{d}{t}$.

Sa vitesse est donc d'environ
$V = \frac{d}{t} = \frac{42}{2} = \boxed{21 \text{ km/h}}$.

L'ordre de grandeur de sa vitesse est 20 km/h.

▶ **2.** On a $d = 42{,}195$ km et $t = 2$ h 15 min $= 2{,}25$ h.
Donc : $V = \frac{d}{t} = \frac{42{,}195}{2{,}25} \approx \boxed{18{,}75 \text{ km/h}}$.

▶ **3. a)** La différence de temps de course entre les deux coureurs est de :
2 h 15 min − 2 h 2 min 57 s = 2 h 14 min 60 s − 2 h 2 min 57 s
   = 12 min 3 s.

Il restera à Scott Overall 12 min 3 s de course.

b) On a $t = 12$ min 3 s $= 12{,}05$ min.

Puisque Scott Overall court à une vitesse de 18,75 km/h, on a :

RAPPEL
Il y a 60 minutes dans 1 heure.

$V = 18{,}75 \div 60 = 0{,}3125$ km/min.
$d = V \times t = 0{,}3125 \times 12{,}05 \approx \boxed{3{,}766 \text{ km}}$.

Il restera à Scott Overall 3,766 km à parcourir, au mètre près.

46 Centres étrangers • Juin 2019

Une piscine cylindrique

EXERCICE 7

15 min
14 points

Une famille désire acheter, pour les enfants, une piscine cylindrique hors-sol équipée d'une pompe électrique. Elle compte l'utiliser cet été du mois de juin au mois de septembre inclus. Elle dispose d'un budget de 200 €. À l'aide des documents suivants, dire si le budget de cette famille est suffisant pour l'achat de cette piscine et les frais de fonctionnement.

Laisser toute trace de recherche, même si elle n'est pas aboutie.

DOCUMENT 1 **Caractéristiques techniques**

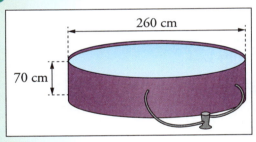

- Hauteur de l'eau : 65 cm.
- Consommation électrique moyenne de la pompe : 3,42 kWh par jour.
- Prix (piscine + pompe) : 80 €.

DOCUMENT 2 **Données**

- Prix d'un kWh : 0,15 €.
- Le kWh (kilowattheure) est l'unité de mesure de l'énergie électrique.
- Prix d'un m³ d'eau : 2,03 €.
- Le volume d'un cylindre est donné par la formule suivante :
$$\mathcal{V} = \pi \times r^2 \times h$$
où r est le rayon du cylindre et h sa hauteur.

LES CLÉS DU SUJET

● L'intérêt du sujet

Un élément essentiel n'est pas prévu dans cet achat : lequel ? Un système d'alarme pour augmenter la sécurité des nageurs !

● Nos coups de pouce, question par question

Calculer sur des grandeurs mesurables : prix et volume

Pour pouvoir effectuer l'achat de la piscine, il faut tenir compte de 3 dépenses incontournables :
– le prix de la piscine et de la pompe ;
– le prix de l'électricité ;
– le prix de l'eau.
Voir les étapes de résolution ci-dessous.

● Les étapes de résolution de la question

Résoudre un problème

❶ Lis le prix d'achat de la piscine dans les documents.

❷ Calcule la consommation totale d'électricité, puis son coût.

❸ Calcule le volume d'eau nécessaire pour remplir la piscine, puis son prix.

❹ Calcule le coût total. Compare ce coût au budget. Conclus.

46 CORRIGÉ GUIDÉ

Pour effectuer l'achat de la piscine, il faut tenir compte de 3 dépenses.

• Le prix p_1 de la piscine et de la pompe est $p_1 = 80$ euros.

• Calculons le prix p_2 de l'électricité. La piscine sera utilisée durant 4 mois (juin, juillet, août et septembre) soit 122 jours.

La consommation électrique moyenne sera de $3{,}42 \times 122$ kWh.

Alors $p_2 = 3{,}42 \times 122 \times 0{,}15$ soit $p_2 = 62{,}59$ euros.

Calculer avec des grandeurs mesurables • CORRIGÉ   46

• Calculons le prix p_3 de l'eau.

Le volume d'eau $\mathcal{V}$ contenu dans la piscine cylindrique est donné par la formule :

$\mathcal{V} = \pi \times r^2 \times h$ où r représente le rayon du cylindre et h la hauteur d'eau.

> **ATTENTION !**
> Il faut prendre la hauteur d'eau dans la piscine et non la hauteur de la piscine.

Nous avons $r = \dfrac{260}{2} = 130$ cm $= 1,3$ m et $h = 65$ cm $= 0,65$ m.

$$\mathcal{V} = \pi \times 1,3^2 \times 0,65 \text{ m}^2$$

Alors $p_3 = (\pi \times 1,3^2 \times 0,65) \times 2,03$ soit $p_3 = 7,01$ euros.

Le coût de la piscine pour la saison est
$p = p_1 + p_2 + p_3 = 80 + 62,59 + 7,01 = 149,60$ euros.

Conclusion : Un budget de 200 euros est suffisant pour l'achat de cette piscine ainsi que les frais de fonctionnement.

47 Amérique du Nord • Juin 2018

La terrasse en béton

EXERCICE 6 15 min — 16 points

Madame Martin souhaite réaliser une terrasse en béton en face de sa baie vitrée. Elle réalise le dessin ci-dessous.
Pour faciliter l'écoulement des eaux de pluie, le sol de la terrasse doit être incliné.
La terrasse a la forme d'un prisme droit dont la base est le quadrilatère ABCD et la hauteur est le segment [CG].
P est le point du segment [AD] tel que BCDP est un rectangle.

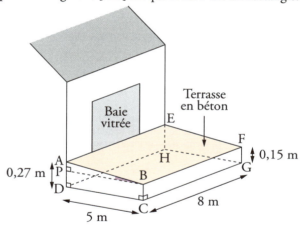

▶ **1.** L'angle $\widehat{ABC}$ doit mesurer entre 1° et 1,5°.
Le projet de madame Martin vérifie-t-il cette condition ?

▶ **2.** Madame Martin souhaite se faire livrer le béton nécessaire à la réalisation de sa terrasse.
Elle fait appel à une entreprise spécialisée.
À l'aide des informations contenues dans le tableau ci-après, déterminer le montant de la facture établie par l'entreprise.

On rappelle que toute trace de recherche, même incomplète, pourra être prise en compte dans l'évaluation.

Calculer avec des grandeurs mesurables • SUJET 47

Information 1
Distance entre l'entreprise et la maison de madame Martin : 23 km.

Information 2
Formule du volume d'un prisme droit
Volume d'un prisme droit = aire de la base du prisme × hauteur du prisme.

Information 3
Conditions tarifaires de l'entreprise spécialisée
• Prix du m^3 de béton : 95 €.
• Capacité maximale du camion-toupie : 6 m^3.
• Frais de livraison : 5 € par km parcouru par le camion-toupie.
• L'entreprise facture les distances aller et retour (entreprise-lieu de livraison) parcourues par le camion-toupie.

LES CLÉS DU SUJET

◉ L'intérêt du sujet

Dans cet exercice à étapes multiples, tu vas travailler les notions d'aire, de volume et de proportionnalité.

◉ Nos coups de pouce

▶ **1. Utiliser une formule de trigonométrie pour calculer un angle**
Calcule AP par soustraction de longueurs, puis calcule la valeur de l'angle $\hat{B}$ en utilisant la formule de la tangente dans le triangle rectangle APB.

◉ Les étapes de résolution pour la question 2

Déterminer le montant de la facture

❶ Utilise la formule donnant l'aire d'un trapèze ou calcule les aires du rectangle PDCB et du triangle rectangle APB pour calculer l'aire de ABCD.

❷ Calcule le volume de la terrasse.

❸ Par proportionnalité entre le volume et le prix, calcule le prix payé pour le béton.

❹ Calcule enfin les frais de livraison.

47 CORRIGÉ GUIDÉ

▶ **1.** Les points A, P et D sont alignés donc :
AP = AD − DP = 0,27 − 0,15 = 0,12 m.
Dans le triangle APB rectangle en P, on a :

$$\tan(\widehat{B}) = \frac{\text{côté opposé à l'angle } \widehat{B}}{\text{côté adjacent à l'angle } \widehat{B}} = \frac{AP}{PB} = \frac{0,12}{5}.$$

Donc $\widehat{B} = \tan^{-1}\left(\dfrac{0,12}{5}\right) \approx 1,4°$.

Le projet de Mme Martin vérifie bien la condition angulaire demandée.

▶ **2.** Cherchons l'aire de la base ABCD :
Aire (ABCD) = aire (PDCB) + aire (APB)
$$= 5 \times 0,15 + \frac{5 \times 0,12}{2}$$
$$= 1,05 \text{ m}^2.$$

Cherchons le volume de la terrasse :
Volume(terrasse) = aire (ABCD) × hauteur
$$= 1,05 \times 8$$
$$= 8,4 \text{ m}^3.$$

Le prix payé pour le béton est : 95 × 8,4 = 798 €.
Cherchons le prix payé pour les déplacements du camion-toupie :
Il va falloir 2 déplacements donc 2 allers-retours.
Puisqu'un aller-retour correspond à 46 km, il sera facturé 5 × 46 × 2 = 460 €.

ATTENTION !
N'oublie pas de compter des allers-retours !

Conclusion : Mme Martin paiera
798 + 460 = 1 258 €.

48 Polynésie française • Juillet 2019

La pyramide du Louvre

EXERCICE 4

15 min
12 points

La pyramide du Louvre à Paris est une pyramide à base carrée de côté 35,4 m et de hauteur 21,6 m.
C'est une réduction de la pyramide de Khéops en Égypte, qui mesure environ 230,5 m de côté.

▶ **1.** Montrer que la hauteur de la pyramide de Khéops est d'environ 140,6 m.

▶ **2.** Calculer le volume en m³ de la pyramide du Louvre. (Arrondir à l'unité)

▶ **3.** Par quel nombre peut-on multiplier le volume de la pyramide du Louvre pour obtenir celui de la pyramide de Khéops ? (Arrondir à l'unité)

Rappel : Volume d'une pyramide = $\dfrac{\text{Aire de la base} \times \text{Hauteur}}{3}$.

Comprendre l'effet de quelques transformations • CORRIGÉ 48

LES CLÉS DU SUJET

● L'intérêt du sujet

La pyramide du Louvre est faite de carreaux de verre et est située dans la cour principale du musée du Louvre. Elle a été construite par Pei en 1989. Dans cet exercice, tu vas travailler les notions de volume et d'agrandissement à travers une comparaison des pyramides du Louvre et de Khéops.

● Nos coups de pouce, question par question

▶ **1. Connaître la notion de coefficient d'agrandissement**
- Calcule le coefficient d'agrandissement.
- Puis la hauteur de la pyramide de Khéops.

▶ **2. Calculer le volume d'une pyramide**
- Calcule l'aire de la base carrée.
- Puis remplace la hauteur par 21,6.

▶ **3. Savoir l'effet d'un agrandissement sur un volume**

Utilise la formule :
$V_{agrandi} = (\text{coefficient d'agrandissement})^3 \times V_{initial}$.

48 CORRIGÉ GUIDÉ

▶ **1.** Le coefficient d'agrandissement vaut exactement $\dfrac{230,5}{35,4}$.

Donc la hauteur h de la pyramide de Khéops vaut réellement :

$$h = \dfrac{230,5}{35,4} \times 21,6$$

$$\boxed{h \approx 140,6 \text{ m}}.$$

RAPPEL
Le coefficient d'agrandissement est le quotient entre les longueurs réelles et les longueurs réduites.

▶ 2. Le volume de la pyramide du Louvre est :

$$V_{\text{pyramide du Louvre}} = \frac{1}{3} \times \text{aire base} \times \text{hauteur}$$

$$V_{\text{pyramide du Louvre}} = \frac{1}{3} \times 35{,}4^2 \times 21{,}6$$

$$\boxed{V_{\text{pyramide du Louvre}} \approx 9\,023 \text{ m}^3}$$

▶ 3. Le coefficient d'agrandissement étant $\frac{230{,}5}{35{,}4}$:

$$V_{\text{Khéops}} = \left(\frac{230{,}5}{35{,}4}\right)^3 \times V_{\text{Louvre}}.$$

Or $\left(\dfrac{230{,}5}{35{,}4}\right)^3 \approx 276$, donc il suffit de multiplier le volume de la pyramide du Louvre par environ 276 pour obtenir le volume de la pyramide de Khéops.

49 Amérique du Nord • Juin 2018

La frise

EXERCICE 5 15 min — 6 points

Gaspard travaille avec un logiciel de géométrie dynamique pour construire une frise.
Il a construit un triangle ABC isocèle en C (motif 1) puis il a obtenu le losange ACBD (motif 2). Voici les captures d'écran de son travail.

▶ **1.** Préciser une transformation permettant de compléter le motif 1 pour obtenir le motif 2.

▶ **2.** Une fois le motif 2 construit, Gaspard a appliqué à plusieurs reprises une translation.
Il obtient ainsi la frise ci-dessous.
Préciser de quelle translation il s'agit.

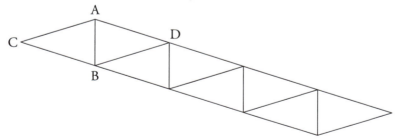

Comprendre l'effet de quelques transformations • CORRIGÉ 49

LES CLÉS DU SUJET

● L'intérêt du sujet

Les transformations du plan bien combinées permettent de construire des pavages et des frises. Dans cet exercice, tu vas devoir reconnaître certaines de ces transformations.

● Nos coups de pouce, question par question

▶ **1. Reconnaître une transformation plane**
Pose-toi la question : quelle transformation permet d'avoir un « effet miroir » ?

▶ **2. Expliciter la caractéristique d'une translation**
- Une translation est caractérisée par un point de départ et un point d'arrivée.
- Demande-toi sur quel point « glisse » le point C ?

49 CORRIGÉ GUIDÉ

▶ **1.** Pour obtenir le motif 2, on trace le symétrique du motif 1 par rapport à l'axe (AB).

▶ **2.** Il a appliqué la translation qui amène C sur B.

50 Asie • Juin 2018

La yourte

EXERCICE 2

⏱ 15 min
17 points

Samia vit dans un appartement dont la surface au sol est de 35 m². Elle le compare avec une yourte, l'habitat traditionnel mongol.

On modélise cette yourte par un cylindre et un cône.

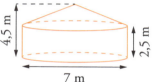

On rappelle les formules suivantes : • Aire du disque = $\pi \times \text{rayon}^2$
• Volume du cylindre = $\pi \times \text{rayon}^2 \times \text{hauteur}$
• Volume du cône = $\frac{1}{3} \times \pi \times \text{rayon}^2 \times \text{hauteur}$

▶ **1.** Montrer que l'appartement de Samia offre une plus petite surface au sol que celle de la yourte.

▶ **2.** Calculer le volume de la yourte en m³.

▶ **3.** Samia réalise une maquette de cette yourte à l'échelle $\frac{1}{25}$. Quelle est la hauteur de la maquette ?

LES CLÉS DU SUJET

● L'intérêt du sujet

La yourte est une habitation traditionnelle des nomades en Mongolie, pays limité par la Russie d'une part et la Chine d'autre part.

● Nos coups de pouce, question par question

▶ **1. Calculer une aire** — Calcule l'aire du disque représentant la surface au sol.

Représenter l'espace • CORRIGÉ (50)

> ▶ **2. Calculer des volumes**
> Calcule le volume de la partie cylindrique, puis celui de la partie conique. Déduis-en le volume de la yourte.

> ▶ **3. Opérer une réduction**
> Applique le coefficient de réduction, c'est-à-dire $\frac{1}{25}$, à la hauteur de la yourte.

50 CORRIGÉ GUIDÉ

▶ **1.** L'aire $\mathcal{A}$ d'un disque de rayon R est donnée par la formule $\mathcal{A} = \pi \times R^2$.
Le disque a pour diamètre 7 m. Son rayon mesure donc 3,5 m. Alors $\mathcal{A} = \pi \times 3{,}5^2$ soit $\boxed{\mathcal{A} = 12{,}25\pi \text{ m}^2}$.
$\mathcal{A} = 38{,}48 \text{ m}^2$ est une valeur approchée au centième.

> **RAPPEL**
> Si on note D le diamètre d'un disque de rayon R, alors $R = \frac{D}{2}$ et l'aire du disque mesure $\frac{\pi \times D^2}{4}$.

Mais $35 < 38{,}48$ donc l'appartement de Samia offre une plus petite surface au sol que celle de la yourte.

▶ **2.** Notons $\mathcal{V}_1$ le volume du cylindre dont la base mesure 3,5 m de rayon et la hauteur 2,5 m. D'après les rappels donnés dans l'énoncé :
$\mathcal{V}_1 = \pi \times 3{,}5^2 \times 2{,}5$ soit $\mathcal{V}_1 = 30{,}625 \times \pi \text{ m}^3$.
$\mathcal{V}_1 = 96{,}21 \text{ m}^3$ est une valeur approchée au centième.
Notons $\mathcal{V}_2$ le volume du cône dont la base mesure 3,5 m de rayon et la hauteur $(4{,}5 - 2{,}5)$ c'est-à-dire 2 m. D'après les rappels donnés dans l'énoncé : $\mathcal{V}_2 = \frac{1}{3} \times \pi \times 3{,}5^2 \times 2 \text{ m}^3$.
$\mathcal{V}_2 = 25{,}65 \text{ m}^3$ est une valeur approchée au centième.
Notons $\mathcal{V}$ le volume de la yourte.
$\mathcal{V} = \mathcal{V}_1 + \mathcal{V}_2$ soit $\mathcal{V} = 96{,}21 + 25{,}65$ c'est-à-dire $\boxed{\mathcal{V} = 121{,}86 \text{ m}^3}$, valeur approchée au centième.

▶ **3.** Notons h la hauteur de la maquette et H celle de la yourte. Alors $h = \frac{1}{25} \times H$ soit $h = \frac{1}{25} \times 4{,}5 = 0{,}18$.
Conclusion : la hauteur de la maquette est de 0,18 m ou encore 18 cm.

51 France métropolitaine • Septembre 2018

Les abeilles ouvrières

EXERCICE 4

15 min
17 points

Les abeilles ouvrières font des allers-retours entre les fleurs et la ruche pour transporter le nectar et le pollen des fleurs qu'elles stockent dans la ruche.

▶ **1.** Une abeille a une masse moyenne de 100 mg et rapporte en moyenne 80 mg de charge (nectar, pollen) à chaque voyage.
Un homme a une masse de 75 kg. S'il se chargeait proportionnellement à sa masse, comme une abeille, quelle masse cet homme transporterait-il ?

▶ **2.** Quand elles rentrent à la ruche, les abeilles déposent le nectar récolté dans des alvéoles.
On considère que ces alvéoles ont la forme d'un prisme de 1,15 cm de hauteur et dont la base est un hexagone d'aire 23 mm² environ, voir la figure ci-dessous.
a) Vérifier que le volume d'une alvéole de ruche est égal à 264,5 mm³.

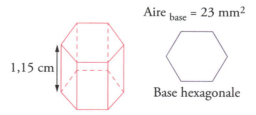

Le volume d'un prisme est donné par la formule : $\mathcal{V}_{prisme} = aire_{base} \times hauteur$.

b) L'abeille stocke le nectar dans son jabot. Le jabot est une petite poche sous l'abdomen d'un volume de 6×10^{-5} litre. Combien de sorties au minimum l'abeille doit-elle faire pour remplir une alvéole ?
(Rappel : 1 dm^3 = 1 litre.)

▶ **3.** Le graphique ci-dessous présente la production française de miel en 2015 et 2016.

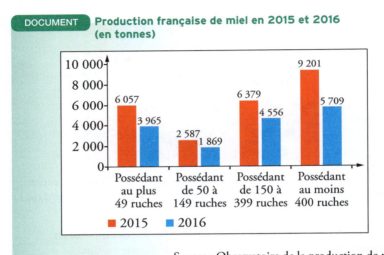

Source : Observatoire de la production de miel et gelée royale FranceAgriMer 2017.

a) Calculer la quantité totale de miel (en tonnes) récoltée en 2016.
b) Sachant que la quantité totale de miel récoltée en 2015 est de 24 224 tonnes, calculer le pourcentage de baisse de la récolte de miel entre 2015 et 2016.

Représenter l'espace • CORRIGÉ

LES CLÉS DU SUJET

● L'intérêt du sujet

Les abeilles sont indispensables pour la collecte du pollen et la fabrication du miel. Elles habitent dans des ruches où elles stockent le pollen. Au sein d'une ruche, chaque abeille est chargée de tâches bien distinctes. Elles sont parfaitement organisées.

● Nos coups de pouce, question par question

▶ 1. Étudier la proportionnalité	Construis un tableau de proportionnalité et effectue un produit en croix.
▶ 2. a) Calculer un volume	Applique la formule du volume d'un prisme donnée dans le texte.
b) Convertir des volumes	Convertis, par exemple, les litres en mm^3.
▶ 3. Déterminer un pourcentage	Soit Q une quantité. Après une diminution, cette quantité devient égale à Q_1. Le pourcentage n de cette diminution est tel que $n = \dfrac{Q - Q_1}{Q} \times 100$.

S'ENTRAÎNER

51 CORRIGÉ GUIDÉ

▶ **1.** Construisons un tableau de proportionnalité.

	Masse du « transporteur » en mg	Masse transportée en mg
Homme	75×10^6	x
Abeille	100	80

75 kg = 75 000 g = 75 000 000 mg = 75×10^6 mg.

Nous avons alors $x = \dfrac{(75 \times 10^6) \times 80}{100} = 60 \times 10^6$.

Alors $x = 60 \times 10^6$ mg = 60 kg.

Conclusion : l'homme transporterait 60 kg.

ATTENTION
Veille à exprimer les différentes masses avec la même unité (ici en mg).

Représenter l'espace • CORRIGÉ

▶ **2. a)** Calculons le volume $\mathcal{V}$ d'une alvéole en utilisant la formule donnée dans l'énoncé : $\mathcal{V} = \text{aire}_{\text{base}} \times \text{hauteur}$.
Nous savons que l'aire de la base est égale à 23 mm² et que la hauteur mesure 1,15 cm soit 11,5 mm.
$\mathcal{V} = 23 \times 11{,}5$ et alors $\boxed{\mathcal{V} = 264{,}5 \text{ mm}^3}$.

b) Soit N le nombre de sorties que l'abeille doit effectuer.
La poche possède un volume de 6×10^{-5} litres. Exprimons ce volume en mm³.
$1 \text{ L} = 1 \text{ dm}^3 = 1\,000 \text{ cm}^3 = 1\,000\,000 \text{ mm}^3 = 10^6 \text{ mm}^3$.
Alors $6 \times 10^{-5} \text{ L} = 6 \times 10^{-5} \times 10^6 \text{ mm}^3 = 60 \text{ mm}^3$.

Donc $N = \dfrac{264{,}5}{60} \approx 4{,}4$.

Conclusion : l'abeille doit effectuer au moins 5 sorties.

> **REMARQUE**
> Le nombre de sorties est un nombre entier. De plus il convient d'arrondir le nombre de sorties trouvé par excès. Lors de la cinquième sortie, l'abeille ne ramènera pas une poche pleine.

▶ **3. a)** Notons Q la quantité totale de miel récoltée en 2016.
$Q = 3\,965 + 1\,869 + 4\,556 + 5\,709 = 16\,099$
$\boxed{Q = 16\,099 \text{ tonnes}}$

b) Notons n le pourcentage de baisse recherché.
Alors $n = \dfrac{24\,224 - 16\,099}{24\,224} \times 100$.
$\boxed{n = 33{,}54\,\%}$

52 Amérique du Sud • Novembre 2018

Écran de télévision

EXERCICE 4   15 min / 18 points

Valentin souhaite acheter un écran de télévision ultra HD (haute définition).
Pour un confort optimal, la taille de l'écran doit être adaptée aux dimensions de son salon.
Voici les caractéristiques du téléviseur que Valentin pense acheter :

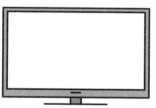

Hauteur de l'écran   60 cm
Format de l'écran   16/9
Ultra HD   Oui

Valentin a-t-il fait un choix adapté ?
Utiliser les informations ci-dessous et les caractéristiques du téléviseur pour répondre.

Toute trace de recherche, même incomplète, pourra être prise en compte dans la notation.

Information 1. Distance écran-téléspectateur du salon de Valentin :

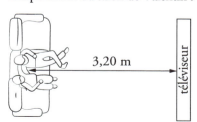

Information 2. Pour un écran au format 16/9, on a :

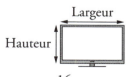

$$\text{Largeur} = \frac{16}{9} \times \text{Hauteur}$$

Information 3. Graphique pour aider au choix de la taille de l'écran :

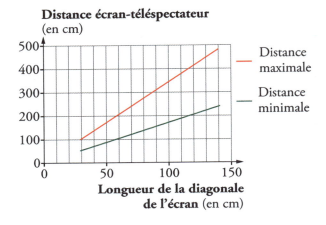

LES CLÉS DU SUJET

● L'intérêt du sujet

Les personnes regardant beaucoup la télévision ont besoin d'être fort bien installées : elles peuvent ainsi éviter le mal de dos. De plus, il faut respecter certaines distances entre l'écran et le téléspectateur afin de bénéficier d'un confort optimal.

● Les étapes de résolution de la question

Résoudre un problème

❶ Calcule la largeur de l'écran avec l'information 2.

❷ Calcule la mesure de la diagonale de l'écran en appliquant le théorème de Pythagore.

❸ Lis les deux distances, minimale et maximale, écran-téléspectateur correspondant à cette diagonale en utilisant l'information 3.

❹ En utilisant l'information 1, conclus.

52 CORRIGÉ GUIDÉ

D'après le choix de Valentin, on peut dire que la largeur L de l'écran est telle que :

$L = \dfrac{16}{9} \times 60 \approx 107$ cm.

Calculons la mesure D de la diagonale de l'écran.

Appliquons le théorème de Pythagore. Nous avons $D^2 = L^2 + H^2$ où H est la mesure de la hauteur de l'écran.

Alors $D^2 = 107^2 + 60^2 = 15\,049$ et $D = \sqrt{15\,049}$.

La calculatrice indique $D \approx 123$ cm, valeur arrondie à l'unité.

Nous lisons sur le graphique que la droite d'équation $x = 123$ coupe la droite $\mathcal{D}_1$ au point A d'ordonnée 210 et coupe la droite $\mathcal{D}_2$ au point B d'ordonnée 420.

REMARQUE
La plupart des résultats trouvés sont des valeurs approchées. Donc il est inutile de donner des résultats en centimètres qui comportent des décimales.

Nous savons que la distance écran-téléspectateur dans le salon de Valentin mesure 3,20 m soit 320 cm.

Il est évident que 210 cm < 320 cm < 420 cm.

Conclusion : Valentin a fait un choix adapté !

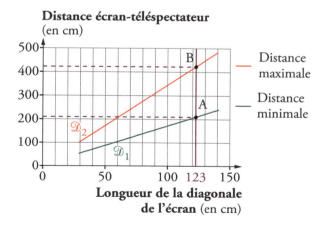

Aménagement des combles d'une maison

EXERCICE 2

Madame Duchemin a aménagé un studio dans les combles de sa maison, ces combles ayant la forme d'un prisme droit avec comme base le triangle ABC isocèle en C.
Elle a pris quelques mesures, au cm près pour les longueurs et au degré près pour les angles. Elle les a reportées sur le dessin ci-dessous représentant les combles, ce dessin n'est pas à l'échelle.

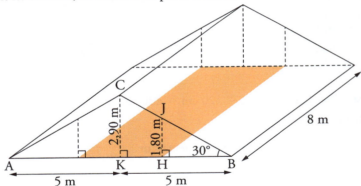

Madame Duchemin souhaite louer son studio.
Les prix de loyer autorisés dans son quartier sont au maximum de 20 € par m² de surface habitable.
Une surface est dite habitable si la hauteur sous plafond est de plus de 1,80 m (*article R111-2 du Code de construction*) : cela correspond à la partie beige sur la figure.
Madame Duchemin souhaite fixer le prix du loyer à 700 €.
Peut-elle louer son studio à ce prix ?

Représenter l'espace • CORRIGÉ

LES CLÉS DU SUJET

● L'intérêt du sujet

Une étude sur plan permet de déterminer la surface habitable des combles d'une maison. La propriétaire des lieux pourra ainsi connaître très rapidement le loyer maximum qu'elle peut demander aux locataires.

● Les étapes de résolution de la question

Résoudre un problème

❶ Calcule HB en appliquant le théorème de Thalès.

❷ Déduis-en KH.

❸ Calcule l'aire de la partie rectangulaire beige.

❹ Calcule le montant maximum du loyer et conclus.

53 CORRIGÉ GUIDÉ

- Les points B, H, K sont alignés dans le même ordre que les points B, J, C. De plus les droites (KC) et (HJ) sont parallèles puisqu'elles sont toutes les deux perpendiculaires à la droite (AB). Nous pouvons appliquer le théorème de Thalès et écrire :

$$\frac{BH}{BK} = \frac{HJ}{KC} \text{ ou encore } \frac{BH}{5} = \frac{1,8}{2,9}.$$

Nous en déduisons $BH = \frac{5 \times 1,8}{2,9}$ soit $BH = 3,10$ m, valeur arrondie au cm près.

- Nous avons $KH = KB - BH = 5 - 3,10$, soit $KH = 1,90$ m, valeur arrondie au cm près.

- La partie beige rectangulaire a pour longueur 8 m et pour largeur $2 \times 1,90$ m, soit 3,80 m. L'aire de la partie beige est $\mathcal{A} = 8 \times 3,80$ m^2, soit 30,4 m^2.

- Le loyer maximum est égal à $30,4 \times 20$, soit 608 euros.

- Puisque madame Duchemin souhaite louer son studio pour 700 euros et que le montant maximum autorisé est de 608 euros, celle-ci ne pourra pas louer au prix souhaité.

54 France métropolitaine • Juin 2018

Le globe de cristal

EXERCICE 1 15 min — 11 points

Le gros globe de cristal est un trophée attribué au vainqueur de la coupe du monde de ski. Ce trophée pèse 9 kg et mesure 46 cm de hauteur.

▶ **1.** Le biathlète français Martin Fourcade a remporté le sixième gros globe de cristal de sa carrière en 2017 à Pyeongchang en Corée du Sud. Donner approximativement la latitude et la longitude de ce lieu repéré sur la carte ci-dessous.

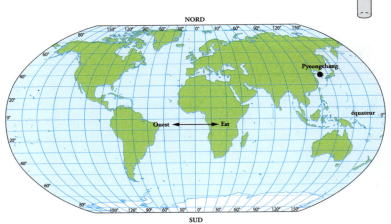

▶ **2.** On considère que ce globe est composé d'un cylindre en cristal de diamètre 6 cm, surmonté d'une boule de cristal. Voir schéma ci-contre. Montrer qu'une valeur approchée du volume de la boule de ce trophée est de 6 371 cm³.

▶ **3.** Marie affirme que le volume de la boule de cristal représente environ 90 % du volume total du trophée. A-t-elle raison ?

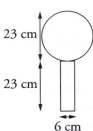

Représenter l'espace • **SUJET** 54

Rappels :
– volume d'une boule de rayon R : $\mathcal{V} = \dfrac{4}{3}\pi R^3$;
– volume d'un cylindre de rayon r et de hauteur h : $\mathcal{V} = \pi r^2 h$.

LES CLÉS DU SUJET

● L'intérêt du sujet

À travers l'étude d'un trophée sportif, tu vas mobiliser les notions de repérage sur la sphère terrestre, mais aussi les pourcentages et les volumes.

● Nos coups de pouce, question par question

▶ **1. Lire les coordonnées d'un point sur la sphère terrestre**
La longitude est donnée selon une direction est-ouest et la latitude selon une direction nord-sud.

▶ **2. Calculer le volume d'une boule**
Applique la formule donnée en rappel, en faisant attention à bien prendre le rayon de la boule et non son diamètre !

● Les étapes de résolution pour la question 3

Comparer deux volumes

❶ Calcule le volume du cylindre.

❷ Calcule le volume total du trophée.

❸ Calcule le rapport $\dfrac{V_{\text{boule}}}{V_{\text{trophée}}}$ et conclus.

S'ENTRAÎNER

54 CORRIGÉ GUIDÉ

▶ **1.** Les coordonnées de Pyeongchang sont 127° est (longitude) et 35° nord (latitude).

▶ **2.** $\mathcal{V}_{\text{boule}} = \dfrac{4}{3} \times \pi \times R^3 = \dfrac{4}{3} \times \pi \times 11{,}5^3 \approx \boxed{6\ 371\ \text{cm}^3}$.

▶ **3.** $\mathcal{V}_{\text{cylindre}} = \pi \times r^2 \times h = \pi \times 3^2 \times 23 \approx 650\ \text{cm}^3$
$\mathcal{V}_{\text{total}} = 6\ 371 + 650 = \boxed{7\ 021\ \text{cm}^3}$.

Le rapport des volumes est : $\dfrac{6\ 371}{7\ 021} \approx 90{,}7\ \%$.

Donc le volume de la boule représente environ 90 % du volume total, Marie a raison.

55 — Amérique du Nord • Juin 2019

Figure géométrique

EXERCICE 1

15 min
14 points

On considère la figure ci-dessous, réalisée à main levée et qui n'est pas à l'échelle.

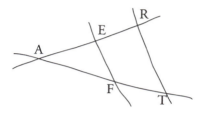

On donne les informations suivantes :
- les droites (ER) et (FT) sont sécantes en A ;
- AE = 8 cm, AF = 10 cm, EF = 6 cm ;
- AR = 12 cm, AT = 14 cm.

▶ **1.** Démontrer que le triangle AEF est rectangle en E.

▶ **2.** En déduire une mesure de l'angle $\widehat{EAF}$ au degré près.

▶ **3.** Les droites (EF) et (RT) sont-elles parallèles ?

LES CLÉS DU SUJET

■● L'intérêt du sujet

Dans cet exercice, tu vas travailler les théorèmes de Pythagore et Thalès et revoir les formules de trigonométrie.

Utiliser la géométrie plane pour démontrer • CORRIGÉ 55

◉ Nos coups de pouce, question par question

▶ 1. Connaître la réciproque du théorème de Pythagore	Repère le plus grand côté, puis calcule les carrés des longueurs des côtés du triangle AEF.
▶ 2. Utiliser une formule de trigonométrie pour calculer un angle	Utilise la formule du cosinus de l'angle $\widehat{A}$ dans le triangle rectangle AEF.
▶ 3. Utiliser la réciproque du théorème de Thalès	Pour déterminer si les droites sont parallèles, vérifie si les quotients $\dfrac{AE}{AR}$ et $\dfrac{AF}{AT}$ sont égaux.

55 CORRIGÉ GUIDÉ

▶ **1.** [AF] est le plus grand côté du triangle AEF.

D'une part : $AF^2 = 10^2 = 100$.

D'autre part : $AE^2 + FE^2 = 8^2 + 6^2 = 64 + 36 = 100$.

Donc : $AF^2 = AE^2 + FE^2$.

Donc d'après la réciproque du théorème de Pythagore, on a AEF rectangle en E.

▶ **2.** AEF est rectangle en E.

$\text{Cos}(\widehat{A}) = \dfrac{\text{côté adjacent à } \widehat{A}}{\text{hypoténuse}} = \dfrac{AE}{AF} = \dfrac{8}{10}$

Donc $\widehat{A} = \arccos\left(\dfrac{8}{10}\right) \approx 37°$.

RAPPEL
Moyen mnémotechnique :
SOHCAHTOA.

▶ **3.** Les droites (ER) et (FT) sont sécantes en A.

D'une part : $\dfrac{AE}{AR} = \dfrac{8}{12}$; d'autre part : $\dfrac{AF}{AT} = \dfrac{10}{14}$.

On a $8 \times 14 \neq 12 \times 10$

Donc d'après le produit en croix on a $\dfrac{AE}{AR} \neq \dfrac{AF}{AT}$.

Donc les droites (EF) et (RT) ne sont pas parallèles.

56 — France métropolitaine • Juillet 2019

Les transformations du plan

EXERCICE 5 15 min — 18 points

Olivia s'est acheté un tableau pour décorer le mur de son salon. Ce tableau, représenté ci-contre, est constitué de quatre rectangles identiques nommés ①, ②, ③ et ④ dessinés à l'intérieur d'un grand rectangle ABCD d'aire égale à 1,215 m². Le ratio longueur : largeur est égal à 3 : 2 pour chacun des cinq rectangles.

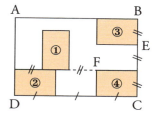

▶ **1.** Recopier, en les complétant, les phrases suivantes. Aucune justification n'est demandée.

a) Le rectangle … est l'image du rectangle … par la translation qui transforme C en E.

b) Le rectangle ③ est l'image du rectangle … par la rotation de centre F et d'angle 90° dans le sens des aiguilles d'une montre.

c) Le rectangle ABCD est l'image du rectangle … par l'homothétie de centre … et de rapport 3.

(Il y a plusieurs réponses possibles, une seule est demandée.)

▶ **2.** Quelle est l'aire d'un petit rectangle ?

▶ **3.** Quelles sont la longueur et la largeur du rectangle ABCD ?

Utiliser la géométrie plane pour démontrer • CORRIGÉ

LES CLÉS DU SUJET

L'intérêt du sujet

Tu vas travailler les transformations du plan ainsi que l'effet d'une réduction sur une figure.

Nos coups de pouce, question par question

▶ 1. Reconnaître des transformations planes
Une translation est un « glissement », une rotation est un « pivot » et une homothétie est un « agrandissement/réduction ».

▶ 2. Connaître l'effet d'une réduction sur les aires
Si l'on note k le coefficient de réduction d'une figure, l'aire réduite est obtenue en multipliant l'aire initiale par k^2.

Les étapes de résolution pour la question 3

Connaître et utiliser la notion de ratio

❶ Écris le lien entre longueur et largeur grâce à la définition du ratio.

❷ À partir de l'aire d'un rectangle, résous une équation carrée pour trouver la largeur du rectangle.

❸ Déduis-en ensuite la longueur.

56 CORRIGÉ GUIDÉ

▶ 1. a) Le rectangle ③ est l'image du rectangle ④ par la translation qui transforme C en E.

b) Le rectangle ③ est l'image du rectangle ① par la rotation de centre F d'angle 90° dans le sens des aiguilles d'une montre.

Utiliser la géométrie plane pour démontrer • CORRIGÉ 56

c) Le rectangle ABCD est l'image du rectangle ② par l'homothétie de centre D de rapport 3.

Le rectangle ABCD est l'image du rectangle ③ par l'homothétie de centre B de rapport 3.

Le rectangle ABCD est l'image du rectangle ④ par l'homothétie de centre C de rapport 3.

▶ **2.** $\mathcal{A}_{ABCD} = 3^2 \times \mathcal{A}_{petit\ rectangle}$
$1{,}215 = 9 \times \mathcal{A}_{petit\ rectangle}$
Donc $\mathcal{A}_{petit\ rectangle} = \dfrac{1{,}215}{9} = \boxed{0{,}135\ m^2}$.

▶ **3.** Calculons la longueur et la largeur du grand rectangle :

On a $L = 1{,}5 \times l$.
Or $\mathcal{A}_{ABCD} = L \times l$.
Donc $1{,}5 \times l^2 = 1{,}215$

$$\boxed{l = \sqrt{\dfrac{1{,}215}{1{,}5}} = 0{,}9\ m}$$

De plus : $\boxed{L = 1{,}5 \times 0{,}9 = 1{,}35\ m}$

> **À NOTER**
> $L : l = 3 : 2$ signifie que la longueur est 1,5 fois plus grande que la largeur.

Photo de la tour Eiffel

EXERCICE 4 — 15 min / 10 points

Antilles, Guyane • Juin 2019

Leila est en visite à Paris. Aujourd'hui, elle est au Champ de Mars où l'on peut voir la tour Eiffel dont la hauteur totale BH est 324 m. Elle pose son appareil photo au sol à une distance AB = 600 m du monument et le programme pour prendre une photo (voir le dessin ci-dessous).

Le dessin n'est pas à l'échelle

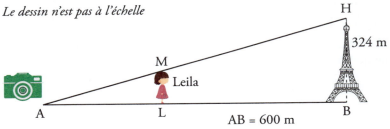

▶ **1.** Quelle est la mesure, au degré près, de l'angle $\widehat{HAB}$?

▶ **2.** Sachant que Leila mesure 1,70 m, à quelle distance AL de son appareil doit-elle se placer pour paraître aussi grande que la tour Eiffel sur sa photo ?
Donner une valeur approchée du résultat au centimètre près.

Utiliser la géométrie plane pour démontrer • CORRIGÉ 57

LES CLÉS DU SUJET

● L'intérêt du sujet

Tous les touristes visitant Paris vont admirer la « tour Eiffel » et souhaitent en faire une photo. Ceci est bien difficile étant donné la hauteur de ce monument ! Cette tour a été construite par l'ingénieur Gustave Eiffel en 1887, à l'occasion de l'exposition universelle de Paris de 1889.

● Nos coups de pouce, question par question

▶ **1. Calculer un rapport trigonométrique**
Dans le triangle ABH rectangle en B, tu connais les distances BH et BA. Calcule $\tan \widehat{HAB}$.

▶ **2. Utiliser un rapport trigonométrique ou le théorème de Thalès**
Remarque que les points A, M et H sont alignés.

57 CORRIGÉ GUIDÉ

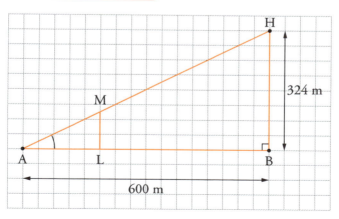

▶ **1.** Dans le triangle ABH rectangle en B :
$$\tan \widehat{HAB} = \frac{BH}{BA} = \frac{324}{600} = 0{,}54.$$
La calculatrice indique alors, au degré près :
$\boxed{\widehat{HAB} = 28°}$.

RAPPEL
Dans un triangle ABH rectangle en B, $\tan \widehat{HAB} = \dfrac{\text{côté opposé}}{\text{côté adjacent}}$.

▶ **2.** Nous avons $\widehat{MAL} = \widehat{HAB}$.

Dans le triangle MAL rectangle en L, $\tan \widehat{MAL} = \dfrac{ML}{AL}$.

Soit $0{,}54 = \dfrac{1{,}7}{AL}$ ou encore $AL = \dfrac{1{,}7}{0{,}54} = 3{,}15$ m, valeur approchée au centimètre près.

Conclusion : Leila doit se positionner à 3,15 m devant son appareil photo.

Autre méthode :

On peut admettre que Leila et la tour Eiffel sont perpendiculaires au sol, donc parallèles entre elles. Le théorème de Thalès donne $\dfrac{AL}{AB} = \dfrac{LM}{BH}$

soit $\dfrac{AL}{600} = \dfrac{1{,}7}{324}$, d'où $AL = \dfrac{1{,}7 \times 600}{324} = 3{,}15$ m.

58 — Polynésie française • Septembre 2019

Un bac à sable

EXERCICE 5 — 15 min — 16 points

On construit un bac à sable pour enfants.

Ce bac a la forme d'un prisme droit de hauteur 15 cm. La base de ce prisme droit est représentée par le polygone ABCDE ci-dessous :
Attention la figure n'est pas construite à la taille réelle.

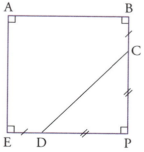

On donne :
- PC = PD = 1,30 m ;
- E, D, P sont alignés ;
- ED = BC = 40 cm ;
- B, C, P sont alignés.

▶ **1.** Calculer CD. Arrondir au centimètre près.

▶ **2.** Justifier que le quadrilatère ABPE est un carré.

▶ **3.** En déduire le périmètre du polygone ABCDE. Arrondir au centimètre près.

▶ **4.** On a construit le tour du bac à sable avec des planches en bois de longueur 2,40 m et de hauteur 15 cm chacune.
De combien de planches a-t-on besoin ?

Utiliser la géométrie plane pour démontrer • CORRIGÉ

▶ **5.** Calculer, en m², l'aire du polygone ABCDE.

▶ **6.** A-t-on eu besoin de plus de 300 L de sable pour remplir complètement le bac ?
Rappel : Volume d'un prisme droit = aire de la base × hauteur.

LES CLÉS DU SUJET

L'intérêt du sujet

Voici une stratégie possible en six points pour calculer le volume d'un bac à sable.

Nos coups de pouce, question par question

▶ **1.** Utiliser le théorème de Pythagore	Applique le théorème de Pythagore au triangle CPD rectangle en P.
▶ **2.** Utiliser les propriétés du carré	Un carré possède quatre angles droits et deux cotés consécutifs de même mesure.
▶ **3.** Calculer le périmètre d'un polygone	Le périmètre d'un polygone est égal à la somme des mesures des côtés.
▶ **4.** Effectuer un calcul	• Attention ! Le nombre de planches est un nombre entier. • Prends une valeur approchée par excès.
▶ **5.** Effectuer des calculs d'aire	Remarque que l'aire du polygone ABCDE est la différence de deux aires.
▶ **6.** Effectuer un calcul de volume	Calcule le volume du prisme droit en utilisant le « rappel » situé en fin d'exercice.

58 CORRIGÉ GUIDÉ

▶ **1.** On applique le théorème de Pythagore au triangle CPD qui est rectangle en P :
$$CD^2 = PD^2 + PC^2 = 1{,}3^2 + 1{,}3^2 = 3{,}38.$$

Utiliser la géométrie plane pour démontrer • CORRIGÉ 58

D'où, au cm près :
$$\boxed{CD = \sqrt{3{,}38} = 1{,}84 \text{ m}}.$$

▶ **2.** Le quadrilatère ABPE possède 4 angles droits (voir codage sur la figure). C'est donc un rectangle. De plus :
$$EP = ED + DP = 0{,}4 + 1{,}3 = 1{,}7 \text{ m}$$
$$BP = BC + CP = 0{,}4 + 1{,}3 = 1{,}7 \text{ m}.$$
Donc EP = BP = 1,7 m.

Le quadrilatère ABPE possède 4 angles droits et 2 côtés consécutifs de même mesure. ABPE est donc un carré.

▶ **3.** Notons P le périmètre du polygone ABCDE.
D'après la question précédente, AB = EP = 1,7 m, d'où :
$$P = AB + BC + CD + DE + EA$$
$$P = 1{,}7 + 0{,}4 + 1{,}84 + 0{,}4 + 1{,}7.$$
Une valeur arrondie de P au centimètre près est :
$$\boxed{P = 6{,}04 \text{ m}}.$$

▶ **4.** La hauteur du bac à sable est de 15 cm, ainsi que la hauteur des planches utilisées. En hauteur, une planche suffit donc.
De plus, une planche possède une longueur de 2,4 m.
Notons n le nombre de planches nécessaires.
Nous avons $n = \dfrac{6{,}04}{2{,}4} = 2{,}51\ldots$
Mais le nombre de planches est un nombre entier.
On a donc besoin de 3 planches pour réaliser le bac à sable.

▶ **5.** L'aire $\mathcal{A}$ du polygone ABCDE est la différence entre l'aire du carré ABPE et l'aire du triangle rectangle isocèle CPD.
$$\mathcal{A} = AB \times AB - \dfrac{PC \times PD}{2} = 1{,}7 \times 1{,}7 - \dfrac{1{,}3 \times 1{,}3}{2}$$
$$\boxed{\mathcal{A} = 2{,}045 \text{ m}^2}.$$

▶ **6.** Le volume $\mathcal{V}$ du bac à sable est égal à :
$\mathcal{V} = \mathcal{A} \times 0{,}15 = 2{,}045 \times 0{,}15 = 0{,}306 \text{ m}^3$
$\boxed{\mathcal{V} = 306 \text{ L}}.$

RAPPEL
$1 \text{ m}^3 = 1\,000 \text{ dm}^3$
$= 1\,000$ litres.

Il faut donc un peu plus de 300 litres pour remplir le bac à sable.

59 — Centres étrangers • Juin 2019

Les étagères

EXERCICE 5

15 min
14 points

Dans l'exercice suivant, les figures ne sont pas à l'échelle.

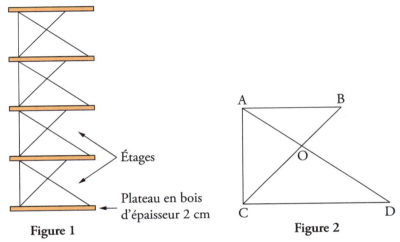

Figure 1 — Étages, Plateau en bois d'épaisseur 2 cm

Figure 2

Un décorateur a dessiné une vue de côté d'un meuble de rangement composé d'une structure métallique et de plateaux en bois d'épaisseur 2 cm, illustré par la figure 1.
Les étages de la structure métallique de ce meuble de rangement sont tous identiques et la figure 2 représente l'un d'entre eux.
On donne :
• OC = 48 cm ; OD = 64 cm ; OB = 27 cm ; OA = 36 cm et CD = 80 cm ;
• les droites (AC) et (CD) sont perpendiculaires.

▶ **1.** Démontrer que les droites (AB) et (CD) sont parallèles.

▶ **2.** Montrer par le calcul que AB = 45 cm.

▶ **3.** Calculer la hauteur totale du meuble de rangement.

Utiliser la géométrie plane pour démontrer • **CORRIGÉ**

LES CLÉS DU SUJET

● L'intérêt du sujet

Cet exercice regroupe les « grands théorèmes » du collège : le théorème de Thalès (ainsi que sa réciproque) et le théorème de Pythagore.

● Nos coups de pouce, question par question

▶ **1. Appliquer la réciproque du théorème de Thalès**
- Compare, par exemple, $\dfrac{OA}{OD}$ et $\dfrac{OB}{OC}$.
- Conclus en appliquant la réciproque du théorème de Thalès.

▶ **2. Appliquer le théorème de Thalès**
Applique le théorème de Thalès en justifiant tes affirmations. Utilise le produit en croix.

▶ **3. Appliquer le théorème de Pythagore**
Applique le théorème de Pythagore au triangle ACD rectangle en C.

59 CORRIGÉ GUIDÉ

▶ **1.** Calculons :
$\dfrac{OA}{OD} = \dfrac{36}{64} = \dfrac{9}{16}$ et $\dfrac{OB}{OC} = \dfrac{27}{48} = \dfrac{9}{16}$. Donc $\dfrac{OA}{OD} = \dfrac{OB}{OC}$.

Les points O, A, D sont alignés dans le même ordre que les points O, B, C. De plus $\dfrac{OA}{OD} = \dfrac{OB}{OC}$. D'après la réciproque du théorème de Thalès les droites (AB) et (CD) sont parallèles.

▶ **2.** Les points O, A, D sont alignés dans le même ordre que les points O, B, C et les droites (AB) et (CD) sont parallèles. Nous pouvons appliquer le théorème de Thalès et écrire
$\dfrac{OA}{OD} = \dfrac{OB}{OC} = \dfrac{AB}{CD}$ soit $\dfrac{36}{64} = \dfrac{27}{48} = \dfrac{AB}{80}$.
Un produit en croix permet d'écrire $AB = \dfrac{27 \times 80}{48} = 45$.

$\boxed{AB = 45 \text{ cm}}$.

▶ **3.** Calculons AC.
Les droites (AC) et (CD) sont perpendiculaires, donc le triangle ACD est rectangle en C. Appliquons le théorème de Pythagore : $AC^2 + DC^2 = AD^2$ ou encore $AC^2 = AD^2 - DC^2$.
Mais $AD = OA + OD = 36 + 64$ donc $AD = 100$ cm.
Alors $AC^2 = 100^2 - 80^2 = 3\,600$ et $AC = \sqrt{3\,600} = 60$ cm.
Notons H la hauteur totale du meuble de rangement.
Cette étagère possède 5 plateaux en bois de 2 cm d'épaisseur et 4 éléments d'armature tels que [AC].
Nous avons $H = 4 \times 60 + 5 \times 2 = 250$ cm soit $\boxed{H = 2,5 \text{ m}}$.

ATTENTION !
Ne pas oublier de tenir compte de l'épaisseur des 5 étagères.

60 France métropolitaine • Juillet 2019

Le décor de la pièce de théâtre

EXERCICE 2

15 min
19 points

Dans cet exercice, on donnera, si nécessaire, une valeur approchée des résultats au centième près.

Pour construire le décor d'une pièce de théâtre (figure 1), Joanna dispose d'une plaque rectangulaire ABCD de 4 m sur 2 m dans laquelle elle doit découper les trois triangles du décor avant de les superposer. Elle propose un découpage de la plaque (figure 2).

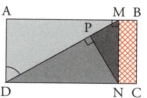

Figure 1   Figure 2

Le triangle ADM respecte les conditions suivantes :
• le triangle ADM est rectangle en A ;
• AD = 2 m ;
• $\widehat{ADM} = 60°$.

▶ **1.** Montrer que [AM] mesure environ 3,46 m.

▶ **2.** La partie de la plaque non utilisée est représentée en quadrillé sur la figure 2. Calculer une valeur approchée au centième de la proportion de la plaque qui n'est pas utilisée.

▶ **3.** Pour que la superposition des triangles soit harmonieuse, Joanna veut que les trois triangles AMD, PNM et PDN soient semblables. Démontrer que c'est bien le cas.

▶ **4.** Joanna aimerait que le coefficient d'agrandissement pour passer du triangle PDN au triangle AMD soit plus petit que 1,5. Est-ce le cas ? Justifier.

Utiliser la géométrie plane pour démontrer • CORRIGÉ

LES CLÉS DU SUJET

L'intérêt du sujet

Dans cet exercice de construction de décor, tu vas travailler la trigonométrie et le thème des triangles semblables.

Nos coups de pouce, question par question

▶ 1. Utiliser une formule de trigonométrie	• Dans le triangle AMD, repère quel côté est connu et quel côté est recherché. • Déduis-en la bonne formule de trigonométrie à appliquer à l'angle $\widehat{ADM}$.
▶ 2. Calculer une proportion	Calcule la division de l'aire non utilisée par l'aire totale.
▶ 3. Reconnaître deux triangles semblables	Deux triangles sont semblables si, en particulier, ils ont deux angles égaux.
▶ 4. Calculer un coefficient d'agrandissement	Un coefficient d'agrandissement se calcule par division de deux longueurs qui se correspondent dans des triangles semblables.

60 CORRIGÉ GUIDÉ

▶ **1.** ADM est rectangle en A.

$$\tan(\widehat{D}) = \frac{\text{côté opposé à l'angle } \widehat{D}}{\text{côté adjacent à l'angle } \widehat{D}} = \frac{AM}{AD}$$

Donc $\tan(60°) = \dfrac{AM}{2}$

et $AM = 2 \times \tan(60°) \approx \boxed{3,46 \text{ m}}$.

ATTENTION !
Pour additionner deux fractions, il faut les mettre au même dénominateur.

▶ **2.** Aire(BMNC) = BM × BC = (4 − 3,46) × 2 = 1,08 m²

Aire(ABCD) = AB × BC = 4 × 2 = 8 m²

Donc la proportion de plaque non utilisée est : $\dfrac{1,08}{8} \approx \boxed{0,14}$.

Utiliser la géométrie plane pour démontrer • CORRIGÉ 60

▶ **3.** • Dans les triangles ADM et MPN :
$\widehat{DAM} = \widehat{MPN}$ car ce sont des angles droits ;
$\widehat{ADM} = \widehat{PMN}$ car les deux angles sont alternes-internes.
Les triangles ADM et MPN ont deux angles égaux, ils sont donc semblables.

• Dans les triangles ADM et PDN :
$\widehat{DAM} = \widehat{NPD}$ car ce sont des angles droits ;
$\widehat{PDN} = 90° - 60° = 30°$ et par la somme des mesures des angles d'un triangle, $\widehat{AMD} = 30°$.
Donc les deux angles $\widehat{PDN}$ et $\widehat{AMD}$ sont égaux.
Les triangles ADM et PND ont deux angles égaux, ils sont donc semblables.

▶ **4.** ADM est rectangle en A.
$$\cos(\widehat{D}) = \frac{\text{côté adjacent à l'angle } \widehat{D}}{\text{hypoténuse}} = \frac{AD}{DM}$$
donc $\cos(60°) = \dfrac{2}{DM}$

donc $DM = \dfrac{2}{\cos(60°)} = \boxed{4 \text{ m}}$.

Or DN = 3,46 m

donc $\dfrac{DM}{DN} = \dfrac{4}{3,46} \approx 1,15 < 1,5$.

Le coefficient d'agrandissement convient.

> **À NOTER**
> Une proportion est la division de deux mêmes grandeurs.

61 Polynésie française • Juillet 2019

Deux voiliers face au vent

EXERCICE 5

15 min
14 points

Lorsqu'un voilier est face au vent, il ne peut pas avancer.
Si la destination choisie nécessite de prendre une direction face au vent, le voilier devra progresser en faisant des zigzags.
Comparer les trajectoires de ces deux voiliers en calculant la distance en kilomètres et arrondie au dixième, que chacun a parcourue.

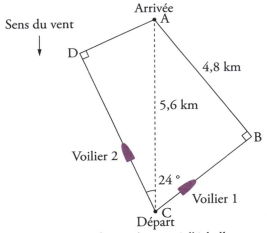

La figure n'est pas à l'échelle

LES CLÉS DU SUJET

● L'intérêt du sujet

Pour progresser face au vent, le skipper doit s'écarter de l'axe du vent et avancer en zigzag.

Utiliser la géométrie plane pour démontrer • CORRIGÉ 61

■● Les étapes de résolution de la question

Comparer deux trajectoires

❶ Calcule la distance parcourue par le voilier 1 en appliquant le théorème de Pythagore au triangle CBA rectangle en B.

❷ Calcule la distance parcourue par le voilier 2 en calculant, dans le triangle CDA rectangle en D, cos $\widehat{ACD}$ et sin $\widehat{ACD}$.

❸ Compare les distances parcourues.

61 CORRIGÉ GUIDÉ

- **Distance parcourue par le voilier 1**

Le voilier 1 a parcouru la distance $p_1 = CB + BA$.

En appliquant le théorème de Pythagore au triangle CBA rectangle en B, on obtient : $CA^2 = CB^2 + BA^2$.

D'où : $CB^2 = CA^2 - BA^2 = 5,6^2 - 4,8^2 = 8,32$.

Soit $CB = \sqrt{8,32}$. Alors $p_1 = \sqrt{8,32} + 4,8$.

Une valeur arrondie au dixième de p_1 est alors : $\boxed{p_1 = 7,7 \text{ km}}$.

- **Distance parcourue par le voilier 2**

Dans le triangle CDA rectangle en D,

$\cos \widehat{ACD} = \dfrac{CD}{CA}$, d'où :

$CD = CA \times \cos \widehat{ACD} = 5,6 \times \cos 24°$

$CD = 5,1$ (valeur arrondie au dixième).

> **RAPPEL**
> Dans le triangle CDA :
> $\sin \widehat{ACD} = \dfrac{\text{côté opposé}}{\text{hypoténuse}}$
> et $\cos \widehat{ACD} = \dfrac{\text{côté adjacent}}{\text{hypoténuse}}$.

Dans ce même triangle CDA rectangle en D, $\sin \widehat{ACD} = \dfrac{AD}{CA}$, d'où :

$$AD = CA \times \sin \widehat{ACD} = 5,6 \times \sin 24°$$

$AD = 2,3$ (valeur arrondie au dixième).

Alors $p_2 = CD + DA \approx 5,1 + 2,3$ cm.

Une valeur arrondie au dixième de p_2 est alors : $\boxed{p_2 = 7,4 \text{ km}}$.

$p_1 > p_2$, donc le voilier 1 a parcouru une distance plus grande que le voilier 2.

62 France métropolitaine • Septembre 2019

Rallye VTT

EXERCICE 1 — 15 min — 18 points

Michel participe à un rallye VTT sur un parcours balisé. Le trajet est représenté en traits pleins.
Le départ du rallye est en A et l'arrivée est en G.

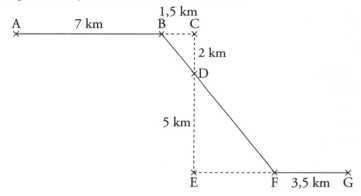

Le dessin n'est pas à l'échelle.

Les points A, B et C sont alignés.
Les points C, D et E sont alignés.
Les points B, D et F sont alignés.
Les points E, F et G sont alignés.
Le triangle BCD est rectangle en C.
Le triangle DEF est rectangle en E.

▶ **1.** Montrer que la longueur BD est égale à 2,5 km.

▶ **2.** Justifier que les droites (BC) et (EF) sont parallèles.

▶ **3.** Calculer la longueur DF.

▶ **4.** Calculer la longueur totale du parcours.

▶ **5.** Michel roule à une vitesse moyenne de 16 km/h pour aller du point A au point B.
Combien de temps mettra-t-il pour aller du point A au point B ?
Donner votre réponse en minutes et secondes.

Utiliser la géométrie plane pour démontrer • **SUJET 62**

LES CLÉS DU SUJET

● L'intérêt du sujet

Un rallye VTT, Vélo Tout Terrain, est une épreuve sportive complète. Il met en lumière, entre autres, les qualités d'adaptation que tout participant doit acquérir ou développer.

● Nos coups de pouce, question par question

▶ **1. Connaître le théorème de Pythagore**	Applique le théorème de Pythagore au triangle BCD rectangle en C.
▶ **2. Utiliser une des conditions de parallélisme de deux droites**	Applique le théorème : « deux droites perpendiculaires à une même troisième sont parallèles ».
▶ **3. Appliquer le théorème de Thalès**	Applique le théorème de Thalès en indiquant ses conditions d'application.
▶ **4. Calculer avec des grandeurs mesurables**	• Ajoute bien toutes les distances parcourues. • Calcule $P = AB + BD + DF + FG$.
▶ **5. Convertir des durées**	Utilise la relation $d = v \times t$ où d représente la distance parcourue, t le temps mis pour la parcourir et v la vitesse moyenne réalisée.

S'ENTRAÎNER

62 CORRIGÉ GUIDÉ

▶ **1.** D'après le théorème de Pythagore dans le triangle BCD rectangle en C :
$$BD^2 = CD^2 + CB^2 = 2^2 + 1,5^2 = 6,25.$$
$$\boxed{BD = \sqrt{6,25} = 2,5 \text{ km}}.$$

▶ **2.** Les triangles BCD et DEF sont rectangles respectivement en C et E. Les droites (BC) et (EF) sont donc perpendiculaires à la droite (CE). Les droites (BC) et (EF) sont donc parallèles entre elles.

▶ **3.** Les points D, B, F sont alignés dans le même ordre que les points D, C, E. De plus les droites (BC) et (EF) sont parallèles, donc nous pouvons appliquer le théorème de Thalès :
$$\frac{DB}{DF} = \frac{DC}{DE}$$
soit $\frac{2,5}{DF} = \frac{2}{5}$, d'où, en utilisant « le produit en croix » :
$$DF = \frac{5 \times 2,5}{2}$$
$$\boxed{DF = 6,25 \text{ km}}.$$

▶ **4.** Notons P la longueur totale du parcours.
$$P = AB + BD + DF + FG$$
$$P = 7 + 2,5 + 6,25 + 3,5$$
$$\boxed{P = 19,25 \text{ km}}.$$

▶ **5.** Si d représente la distance parcourue, t le temps mis pour la parcourir et v la vitesse moyenne réalisée, alors $d = v \times t$ soit $t = \frac{d}{v}$.

Or $d = 7$ km et $v = 16$ km/h, donc $t = \frac{7}{16}$ h.

D'où $t = \frac{7}{16} \times 3\,600$ s $= 1\,575$ s.

Or $1\,575 = 60 \times 26 + 15$, donc $1\,575$ s $= 26$ min 15 s.

Conclusion : pour aller de A à B, Michel mettra 26 min et 15 s.

CONSEIL
Utilise la division euclidienne :
$D = d \times q + r$.
D est le dividende, d est le diviseur, q est le quotient et r est le reste.

63 Amérique du Nord • Juin 2018

Les triangles

EXERCICE 2

La figure ci-dessous n'est pas en vraie grandeur. On donne les informations suivantes :
– le triangle ADE a pour dimensions AD = 7 cm, AE = 4,2 cm et DE = 5,6 cm ;
– F est le point de [AD] tel que AF = 2,5 cm ;
– B est le point de [AD] et C est le point de [AE] tels que AB = AC = 9 cm ;
– la droite (FG) est parallèle à la droite (DE).

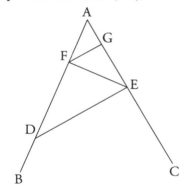

▶ **1.** Réaliser une figure en vraie grandeur.

▶ **2.** Prouver que ADE est un triangle rectangle en E.

▶ **3.** Calculer la longueur FG.

Utiliser la géométrie plane pour démontrer • **CORRIGÉ** 63

LES CLÉS DU SUJET

● L'intérêt du sujet

Dans cet exercice, tu vas utiliser la réciproque du théorème de Pythagore et le théorème de Thalès.

● Nos coups de pouce, question par question

▶ 1. Construire une figure en vraie grandeur	• Construis le triangle ADE au compas. • Place les points F, B et C. • Trace la droite parallèle demandée.
▶ 2. Utiliser la réciproque du théorème de Pythagore	• Repère le plus grand côté. • Calcule les carrés des longueurs des côtés du triangle ADE. • Vérifie si la réciproque du théorème de Pythagore s'applique.
▶ 3. Utiliser le théorème de Thalès	Applique le théorème de Thalès dans les triangles semblables AFG et ADE.

63 CORRIGÉ GUIDÉ

▶ 1.

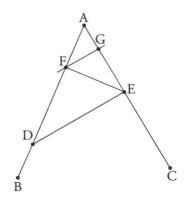

Utiliser la géométrie plane pour démontrer • CORRIGÉ 63

▶ **2.** Dans le triangle ADE, [AD] est le plus grand côté.
D'une part : $AD^2 = 7^2 = 49$.
D'autre part : $AE^2 + ED^2 = 4,2^2 + 5,6^2 = 17,64 + 31,36 = 49$.
Donc : $AD^2 = AE^2 + ED^2$.
Donc, d'après la réciproque du théorème de Pythagore, ADE est rectangle en E.

▶ **3.** Les droites (GE) et (FD) sont sécantes en A.
Les droites (FG) et (ED) sont parallèles.
Donc d'après le théorème de Thalès, on a :
$$\frac{AF}{AD} = \frac{AG}{AE} = \frac{FG}{DE}$$
Donc : $\frac{2,5}{7} = \frac{AG}{4,2} = \frac{FG}{5,6}$.

Donc, avec le produit en croix, on a : $\boxed{FG = \frac{2,5 \times 5,6}{7} = 2 \text{ cm}.}$

Polynésie française • Septembre 2018

Le ballon de basket

EXERCICE 5

15 min
17 points

Un collégien français et son correspondant anglais ont de nombreux centres d'intérêt communs comme le basket qu'ils pratiquent tous les deux. Le tableau ci-dessous donne quelques informations sur leurs ballons.

Ballon du collégien français	Ballon du correspondant anglais
$A \approx 1\,950$ cm^2	$D \approx 9{,}5$ inch
A désigne l'aire de la surface du ballon et r son rayon. On a $A = 4 \times \pi \times r^2$.	D désigne le diamètre du ballon. L'« inch » est une unité de longueur anglo-saxonne. On a 1 inch = 2,54 cm.

Pour qu'un ballon soit utilisé dans un match officiel, son diamètre doit être compris entre 23,8 cm et 24,8 cm.

▶ **1.** Le ballon du collégien français respecte-t-il cette norme ?

▶ **2.** Le ballon du collégien anglais respecte-t-il cette norme ?

Utiliser la géométrie plane pour démontrer • CORRIGÉ 64

LES CLÉS DU SUJET

◉ L'intérêt du sujet

Le ballon de basket a des caractéristiques fixes. Dans cet exercice, tu vas utiliser les notions d'aire et convertir des unités de longueur, en comparant les ballons français et anglais.

◉ Nos coups de pouce, question par question

▶ **1. Calculer l'aire d'une boule. Résoudre une équation-carrée**
- Exprime l'aire d'un ballon français, puis résous l'équation d'inconnue r obtenue : $4 \times \pi \times r^2 = 1\,950$.
- Regarde si cette valeur est dans les normes.

▶ **2. Convertir des unités de longueur**
Utilise la conversion 1 inch = 2,54 cm pour calculer le diamètre d'un ballon anglais en cm.

64 CORRIGÉ GUIDÉ

▶ **1.** $\text{Aire}_{\text{ballon français}} = 4 \times \pi \times r^2 = 1\,950$

Donc $r^2 = \dfrac{1\,950}{4\pi}$.

Donc $r = \sqrt{\dfrac{1\,950}{4\pi}} \approx 12{,}5$ cm.

Le diamètre du ballon français est 25 cm, il n'est pas compris entre 23,8 cm et 24,8 cm.

Le ballon français n'est pas conforme.

RAPPEL
N'oublie pas que le diamètre d'un disque est le double du rayon.

▶ **2.** $\text{Diamètre}_{\text{ballon anglais}} = 9{,}5 \times 2{,}54 = 24{,}13$ cm.

Le diamètre du ballon anglais est compris entre 23,8 cm et 24,8 cm.

Donc le ballon anglais est conforme.

Amérique du Nord • Juin 2019

Scratch

EXERCICE 4

On a programmé un jeu. Le but du jeu est de sortir du labyrinthe. Au début du jeu, le lutin se place au point de départ. Lorsque le lutin touche un mur, représenté par un trait noir épais, il revient au point de départ.

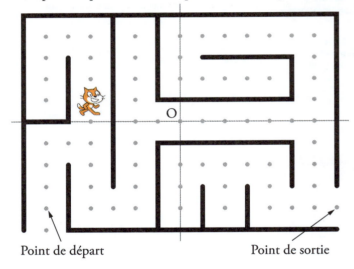

Point de départ   Point de sortie

L'arrière-plan est constitué d'un repère d'origine O avec des points espacés de 30 unités verticalement et horizontalement.

Écrire et exécuter un programme simple • SUJET 65

Dans cet exercice, on considérera que seuls les murs du labyrinthe sont noirs. Voici le programme :

```
quand [drapeau] est cliqué
mettre à 50 % de la taille initiale
aller à x: -180 y: -120
répéter indéfiniment
    si < couleur [noir] touchée? > alors
        dire [perdu] pendant 2 secondes
        aller à x: ( ) y: ( )
    sinon
        Réussite
```
Couleur : noir

```
quand [flèche haut] est pressé
ajouter 30 à y
attendre 0.1 secondes
```

```
quand [flèche bas] est pressé
ajouter -30 à y
attendre 0.1 secondes
```

```
quand [flèche droite] est pressé
ajouter 30 à x
attendre 0.1 secondes
```

```
quand [flèche gauche] est pressé
ajouter -30 à x
attendre 0.1 secondes
```

Le bloc **Réussite** correspond à un sous-programme qui fait dire
« Gagné ! » au lutin lorsqu'il est situé au point de sortie ; le jeu s'arrête alors.

▶ **1.** Recopier et compléter l'instruction `aller à x: ( ) y: ( )` du programme pour ramener le lutin au point de départ si la couleur noire est touchée.

▶ **2.** Quelle est la distance minimale parcourue par le lutin entre le point de départ et le point de sortie ?

▶ **3.** On lance le programme en cliquant sur le drapeau. Le lutin est au point de départ. On appuie brièvement sur la touche ↑ (« flèche haut ») puis sur la touche → (« flèche droite »). Quelles sont toutes les actions effectuées par le lutin ?

Écrire et exécuter un programme simple • CORRIGÉ

LES CLÉS DU SUJET

● L'intérêt du sujet

La programmation algorithmique est au cœur de la programmation des jeux vidéo. Dans cet exercice, tu vas t'intéresser au déplacement d'un lutin dans un labyrinthe.

● Nos coups de pouce, question par question

▶ **1. Compléter un algorithme Scratch**
Les coordonnées du point de départ du lutin sont dans le 3e bloc du programme principal, en bleu.

▶ **2. Comprendre un algorithme dans une situation de jeu**
Compte le nombre d'espaces de 30 unités entre le point de départ et le point d'arrivée.

▶ **3. Utiliser des scripts se déroulant en parallèle**
Traduis chaque touche par une phrase en français, expliquant quel déplacement le lutin va faire.

65 CORRIGÉ GUIDÉ

▶ **1.** Le lutin revient au point de départ :

`aller à x: -180 y: -120`

▶ **2.** La distance minimale parcourue par le lutin entre le point de départ et le point de sortie est de $27 \times 30 = \boxed{810 \text{ unités}}$.
En effet, il y a 27 espaces de 30 unités chacun à parcourir pour aller du départ à l'arrivée.

▶ **3.** Le lutin monte d'un cran puis se décale vers la droite d'une unité. Il touche alors le mur et revient au point de départ.

66 — Polynésie française • Juin 2018

Logiciel d'algorithmique

EXERCICE 6 — 15 min / 14 points

Voici un script saisi par Alice dans un logiciel d'algorithmique :

▶ **1.** Alice a choisi 3 comme nombre, calculer les valeurs de *Résultat 1* et de *Résultat 2*.

Justifier en faisant apparaître les calculs réalisés.

▶ 2. Généralisation

a) En appelant x le nombre choisi dans l'algorithme, donner une expression littérale traduisant la première partie de l'algorithme correspondant à *Résultat 1*.

b) En appelant x le nombre choisi dans l'algorithme, donner une expression littérale traduisant la deuxième partie de l'algorithme correspondant à *Résultat 2*.

▶ 3. Trouver le ou les nombres choisis par Alice qui correspondent au résultat affiché ci-dessous.

LES CLÉS DU SUJET

● L'intérêt du sujet

Dans cet exercice sur Scratch, tu vas travailler le calcul littéral.

● Nos coups de pouce, question par question

▶ **1. Comprendre un algorithme Scratch**	Calcule les valeurs obtenues à chaque étape du programme de calcul.
▶ **2. Produire et développer une identité remarquable**	**a)** Utilise la formule $(a + b)^2 = a^2 + b^2 + 2ab$.
▶ **3. Résoudre une équation-carrée**	Utilise le résultat de la question **2.** pour trouver l'équation-carrée à résoudre sachant que *Résultat 2* doit valoir 9.

CORRIGÉ GUIDÉ

▶ **1.** *Résultat 1* vaut : $(2\times 3+3)^2 = \boxed{81}$
Résultat 2 vaut : $3\times 3\times 4+12\times 3+9 = \boxed{81}$

▶ **2. a)** *Résultat 1* vaut : $(2\times x+3)^2 = \boxed{4x^2+12x+9}$
b) *Résultat 2* vaut : $4x^2+12\times x+9 = \boxed{4x^2+12x+9}$

▶ **3.** Il s'agit de résoudre l'équation : $(2x+3)^2 = 9$
$$2x+3 = 3 \text{ ou } 2x+3 = -3$$
$$2x = 0 \text{ ou } 2x = -6$$
$$x = 0 \text{ ou } x = -3$$

Donc Alice a pris comme nombre de départ 0 ou −3.

Jeux de dés

EXERCICE 6

15 min
20 points

Deux amis, Armelle et Basile, jouent aux dés en utilisant des dés bien équilibrés, mais dont les faces ont été modifiées. Armelle joue avec le dé A et Basile joue avec le dé B.
Lors d'une partie, chaque joueur lance son dé et celui qui obtient le plus grand numéro gagne un point.
Voici les patrons des deux dés :

Patron du dé A **Patron du dé B**

▶ **1.** Une partie peut-elle aboutir à un match nul ?

▶ **2. a)** Si le résultat obtenu avec le dé A est 2, quelle est la probabilité que Basile gagne un point ?
b) Si le résultat obtenu avec le dé B est 1, quelle est la probabilité qu'Armelle gagne un point ?

▶ **3.** Les joueurs souhaitent comparer leur chance de gagner. Ils décident de simuler un match de soixante mille duels à l'aide d'un programme informatique.
Voici une partie du programme qu'ils ont réalisé.

Écrire et exécuter un programme simple • SUJET 67

Programme principal   **Sous-programmes**

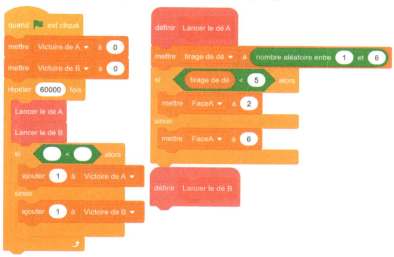

On précise que l'expression (**nombre aléatoire entre 1 et 6**) renvoie de manière équiprobable un nombre pouvant être 1 ; 2 ; 3 ; 4 ; 5 ou 6.
Les variables *FaceA* et *FaceB* enregistrent les résultats des dés A et B. Par exemple, la variable *FaceA* peut prendre soit la valeur 2, soit la valeur 6, puisque ce sont les seuls nombres présents sur le dé A.
Les variables *Victoire de A* et *Victoire de B* comptent les victoires des joueurs.

a) Lorsqu'on exécute le sous-programme « Lancer le dé A », quelle est la probabilité que la variable *FaceA* prenne la valeur 2 ?
b) Recopier la ligne 7 du programme principal en la complétant.
c) Rédiger un sous-programme « Lancer le dé B » qui simule le lancer du dé B et enregistre le nombre obtenu dans la variable *FaceB*.

▶ **4.** Après exécution du programme principal, on obtient les résultats suivants :
Victoire de A = 39 901 ;   *Victoire de B* = 20 099.
a) Calculer la fréquence de gain du joueur A, exprimée en pourcentage. On donnera une valeur approchée à 1 % près.
b) Conjecturer la probabilité que A gagne contre B.

LES CLÉS DU SUJET

● L'intérêt du sujet

Tu vas travailler les notions de probabilité et de fréquence au travers d'un exercice de programmation Scratch.

● Nos coups de pouce, question par question

▶ **1. Comprendre un énoncé**	Demande-toi à quelle condition il pourrait y avoir un match nul.
▶ **2. Calculer une probabilité simple**	**a)** Basile a 3 fois le chiffre 5 sur son dé. **b)** Demande-toi à partir de quel chiffre Basile peut gagner et quelle est la probabilité que ce chiffre sorte.
▶ **3. Comprendre, compléter et écrire un algorithme Scratch dans une situation de jeu**	**a)** La variable *FaceA* prend la valeur 2 si le tirage du dé est strictement inférieur à 5. **b)** Il y a victoire de A si le chiffre de B est strictement inférieur à celui de A. **c)** Réécris un sous-programme du même type que celui déjà proposé, mais en veillant aux valeurs prises par le dé de B, à savoir 1 et 5.
▶ **4. Calculer une fréquence**	Utilise la formule : $$\text{fréquence}_{\text{événement}} = \frac{\text{nombre de fois où l'événement apparait}}{\text{nombre total de fois où l'expérience est menée}}.$$

67 CORRIGÉ GUIDÉ

▶ **1.** Il n'y a aucun chiffre en commun sur les deux dés, donc il ne peut pas y avoir de match nul.

▶ **2. a)** Sachant que c'est le chiffre 2 qui est sorti pour Armelle, pour que Basile gagne 1 point, il est nécessaire qu'il sorte un chiffre supérieur à 2, donc un 5.

Or, sur les six faces, il y a trois fois le chiffre 5, donc :

$$p(\text{« Basile gagne un point »}) = \frac{3}{6} = 0{,}5.$$

b) Sachant que c'est le chiffre 1 qui est sorti pour Basile, pour qu'Armelle gagne 1 point, il est nécessaire qu'elle sorte un chiffre supérieur à 1.

RAPPEL
Un événement certain a une probabilité de 1.

Or, les chiffres des faces du dé d'Armelle sont des 2 et des 6. Donc Armelle est sûre de gagner un point :

$$\boxed{p(\text{« Armelle gagne un point »}) = 1}.$$

▶ **3. a)** Il y a 4 chances sur 6 que le nombre tiré soit inférieur à 5, donc que *Face A* prenne la valeur 2, d'où :

$$\boxed{p(\text{« Face A = 2 »}) = \frac{4}{6} = \frac{2}{3}}.$$

b) Il y a victoire de A si *Face B* est inférieur à *Face A*.
Il faut donc compléter la ligne 7 ainsi :

si ⟨ FaceB < FaceA ⟩ alors

c) Voici le script attendu :

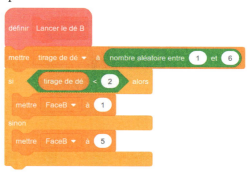

▶ **4. a)** Sur les 60 000 lancers, 39 901 cas apportent la victoire du joueur A.

Donc la fréquence de gain du joueur A est $\dfrac{39\,901}{60\,000} \approx 0{,}67$ soit 67 % à 0,1 près.

b) La probabilité de réalisation d'un événement est sa fréquence d'apparition lorsque l'on reproduit un très grand nombre de fois l'expérience.
La probabilité que A gagne est donc de 0,67.

68 Amérique du Sud • Novembre 2018

Suite de carrés

EXERCICE 6

15 min
12 points

Léna et Youri travaillent sur un programme. Ils ont obtenu le dessin suivant :

Ils ont ensuite effacé une donnée par erreur dans le script principal. Voici les copies d'écran de leur travail :

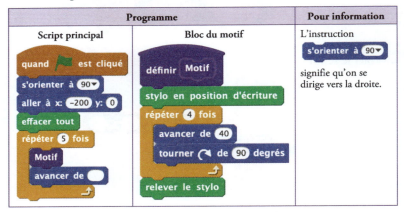

Dans cet exercice, aucune justification n'est demandée.

▶ **1. a)** La valeur effacée dans le script principal était-elle 40 ou bien 60 ?
b) Dessiner sur la copie ce qu'on aurait obtenu avec l'autre valeur.
On représentera l'instruction « avancer de 20 » par un segment de longueur 1 cm.

▶ **2.** Léna et Youri souhaitent maintenant obtenir un triangle équilatéral comme motif.

Écrire et exécuter un programme simple • **SUJET 68**

Afin d'obtenir un triangle équilatéral :
- par quelle valeur peut-on remplacer **a** ?
- par quelle valeur peut-on remplacer **b** ?
- par quelle valeur peut-on remplacer **c** ?

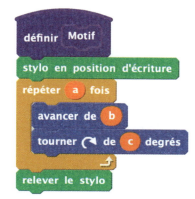

LES CLÉS DU SUJET

● L'intérêt du sujet

À l'aide du logiciel Scratch, tu vas tracer des figures géométriques et réviser les propriétés essentielles des triangles.

● Nos coups de pouce, question par question

▶ 1. a) Comprendre un programme Scratch	Repère la dimension, en pixels, des carrés dans le bloc du motif.
b) Tracer une figure géométrique	Demande-toi où se trouve le stylo à la fin du tracé d'un motif.
▶ 2. Modifier un programme Scratch	• Réfléchis aux propriétés métriques et angulaires d'un triangle équilatéral. • N'hésite pas à dessiner la direction du stylo à chaque étape.

Écrire et exécuter un programme simple • CORRIGÉ 68

68 CORRIGÉ GUIDÉ

▶ **1. a)** Le nombre manquant est $\boxed{60}$.
b) *Le dessin est plus petit que celui demandé.*

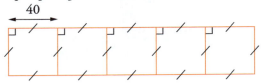

▶ **2.** On doit remplacer ⓐ par $\boxed{3}$ car un triangle équilatéral a 3 côtés égaux.
On doit remplacer ⓑ par $\boxed{40}$.
On doit remplacer ⓒ par $\boxed{120}$.

Programmes de calculs

EXERCICE 2

1. On a utilisé une feuille de calcul pour obtenir les images de différentes valeurs de x par une fonction affine f.
Voici une copie de l'écran obtenu :

B2		×	✓	f_x	=3*B1-4			
	A		B	C	D	E	F	G	H
1	x		−2	−1	0	1	2	3	4
2	$f(x)$		−10	−7	−4	−1	2	5	8

a) Quelle est l'image de −1 par la fonction f ?
b) Quel est l'antécédent de 5 par la fonction f ?
c) Donner l'expression de $f(x)$.
d) Calculer $f(10)$.

2. On donne le programme suivant qui traduit un programme de calcul.

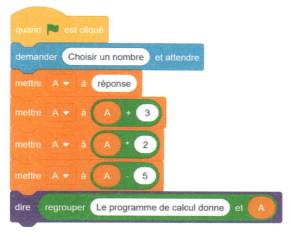

Écrire et exécuter un programme simple • SUJET 69

a) Écrire sur votre copie les deux dernières étapes du programme de calcul :
- Choisir un nombre.
- Ajouter 3 à ce nombre.
- ……
- ……

b) Si on choisit le nombre 8 au départ, quel sera le résultat ?

c) Si on choisit x comme nombre de départ, montrer que le résultat obtenu avec ce programme de calcul sera $2x + 1$.

d) Quel nombre doit-on choisir au départ pour obtenir 6 ?

▶ **3.** Quel nombre faudrait-il choisir pour que la fonction f et le programme de calcul donnent le même résultat ?

LES CLÉS DU SUJET

● L'intérêt du sujet

Dans cet exercice, basé sur un programme de calcul sous Scratch, tu vas travailler activement des notions vues en calcul littéral et vérifier si tu sais bien résoudre des équations.

● Nos coups de pouce, question par question

▶ **1. a)** Lire une image dans un tableau de valeurs	En cellule C1, on voit que x vaut -1, son image $f(-1)$ se lit en cellule C2.
b) Lire un antécédent dans un tableau de valeurs	• Chercher l'antécédent de 5, c'est trouver x tel que $f(x) = 5$. • Cherche l'antécédent sur la ligne 1.
c) Lire une formule dans un tableur	La formule saisie dans la case B2 est dans le cartouche blanc, en haut à droite.
d) Calculer une image par une fonction	Remplace x par 10 dans la formule de la fonction.

Écrire et exécuter un programme simple • CORRIGÉ 69

▶ **2. a) Traduire un programme Scratch en langage courant**
Traduis les expressions « A*2 » et « A-5 » par une phrase en français. L'expression « multiplie le tout par 2 » doit te faire penser à mettre des parenthèses dans ton calcul.

b) Faire des calculs numériques
Déroule le programme de calcul trouvé à la question **2. a)** en partant de 8.

c) Réinvestir les bases de calcul littéral
Déroule le programme de calcul trouvé à la question **2. a)** en partant de x.

d) Résoudre une équation
Résous l'équation $2x + 1 = 6$.

▶ **3. Résoudre une équation**
Résous l'équation $f(x) = 2x + 1$.

69 CORRIGÉ GUIDÉ

▶ **1. a)** L'image de -1 par f est :
$f(-1) = 7$.

RAPPEL
Chercher une image par f, c'est, connaissant x, trouver $f(x)$.

b) L'antécédent de 5 par f est 3.

c) La ligne  permet d'écrire que :
$f(x) = 3x - 4$.

d) $f(10) = 3 \times 10 - 4 = 30 - 4$, d'où :
$f(10) = 3$.

▶ **2. a)**
- Choisir un nombre.
- Ajouter 3 à ce nombre.
- Multiplier le tout par 2.
- Soustraire 5.

b) Choisissons 8 au départ.

$(8 + 3) \times 2 - 5 = 11 \times 2 - 5 = 22 - 5 = 17$.

Donc le résultat obtenu est 17.

c) Nombre de départ : x.

Ajouter 3 : on obtient $x + 3$.

Multiplier le tout par 2 : on obtient $(x + 3) \times 2 = 2x + 6$.

Soustraire 5 : on obtient $2x + 6 - 5 = 2x + 1$.

Le résultat obtenu avec ce programme de calcul est donc $2x + 1$.

> **ATTENTION !**
> Pense à la distributivité !

d) Il s'agit de résoudre l'équation :
$$2x + 1 = 6$$
$$2x = 6 - 1$$
$$2x = 5$$
$$\boxed{x = \frac{5}{2} = 2{,}5}.$$

Pour obtenir 6, il faut choisir 2,5.

▶ **3.** Il s'agit de résoudre l'équation $f(x) = 2x + 1$, soit :
$$3x - 4 = 2x + 1$$
$$3x - 2x = 1 + 4$$
$$x = 5.$$

Pour que le programme donne le même résultat que la fonction f il faut prendre comme nombre de départ $x = 5$. Dans les deux cas, le résultat obtenu est 11.

70 Centres étrangers • Juin 2018

Le robot jardinier

EXERCICE 6

Le maraîchage est l'activité professionnelle qui consiste à cultiver les légumes, certains fruits, fleurs ou plantes aromatiques.
Afin de diminuer la pénibilité des travaux de maraîchage, un agriculteur a acquis un robot électrique pour effectuer le désherbage de ses cultures.

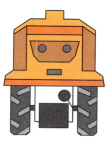

PARTIE A • PARCOURS DU ROBOT

Le robot doit parcourir 49 allées parallèles écartées de 1 m, représentées sur le schéma ci-après. Les 48 premières allées, situées dans une parcelle rectangulaire, mesurent 80 m de long :
– la 1re allée est [PQ] ;
– la 2e allée est [RS] ;
– la 3e allée est [TU] ;
– les allées 4 à 47 ne sont pas représentées ;
– la 48e allée est [CB].
La 49e et dernière allée, [DE], est située dans une parcelle triangulaire. Montrer que la longueur de la dernière allée est DE = 64 m.

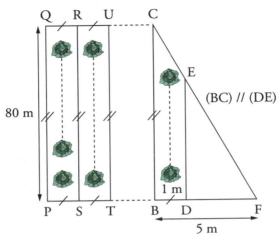

Schéma 1 du terrain non à l'échelle : vue du dessus

PARTIE B • PROGRAMME DE DÉPLACEMENT DU ROBOT

On souhaite programmer le déplacement du robot du point P au point E. Le script ci-dessous, réalisé sous Scratch, est incomplet. Toutes les allées sont parcourues une seule fois. L'image « Robot » correspond au résultat attendu lorsque le drapeau vert est cliqué.

On rappelle que l'instruction ⟨s'orienter à 0⟩ signifie que le robot se dirige vers le haut.

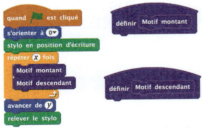

Script incomplet de déplacement du robot

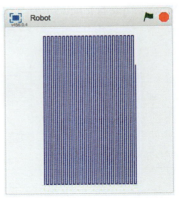

Image à obtenir avec le script complet

Écrire et exécuter un programme simple • SUJET 70

Pour répondre aux questions 1 et 2, utiliser autant que nécessaire les blocs : `avancer de ●` `tourner ↻ de ● degrés` `tourner ↺ de ● degrés`

Les longueurs doivent être indiquées en mètres.

▶ **1.** Le nouveau bloc « Motif montant » doit reproduire un déplacement du type P-Q-R (voir schéma 1) et positionner le robot prêt à réaliser le motif suivant. Écrire une succession de 4 blocs permettant de définir : « Motif montant ».

▶ **2.** Le nouveau bloc « Motif descendant » doit reproduire un déplacement du type R-S-T (voir schéma 1) et positionner le robot prêt à réaliser le motif suivant. Quelle(s) modification(s) suffit-il d'apporter au bloc « Motif montant » pour obtenir le bloc « Motif descendant » ?

▶ **3.** Quelles valeurs faut-il donner à x et à y dans le script principal pour que le programme de déplacement du robot donne le résultat attendu ?

S'ENTRAÎNER

LES CLÉS DU SUJET

● L'intérêt du sujet

L'étude d'une parcelle de culture maraîchère est le prétexte, ici, pour travailler l'algorithmique et le théorème de Thalès.

● Nos coups de pouce, question par question

Partie A **Utiliser le théorème de Thalès**	Utilise le théorème de Thalès avec les deux triangles semblables FED et FBC en notant que (ED) et (CB) sont parallèles.
Partie B ▶ **1.** et ▶ **2.** Écrire un programme Scratch	▶ **1.** Observe bien les déplacements du robot : – il avance d'abord de 80 ; – il tourne à droite à angle droit ; – il avance de 1 ; – il finit en tournant à droite à angle droit. ▶ **2.** La seule différence vient du sens de rotation du robot.
▶ **3.** Comprendre un dessin géométrique	Remarque que x correspond au nombre d'allers-retours et y à la longueur de la dernière rangée.

70 CORRIGÉ GUIDÉ

PARTIE A

Dans le triangle CBF :
E ∈ [FC] ; D ∈ [FB] et (ED) // (CB).
Donc d'après le théorème de Thalès, on a :

$$\frac{FE}{FC} = \frac{FD}{FB} = \frac{ED}{BC}$$

$$\frac{FE}{FC} = \frac{5-1}{5} = \frac{ED}{80}$$

Donc : $ED = \dfrac{4 \times 80}{5} = 64$ m.

PARTIE B

▶ **1.** Le programme à écrire est :

▶ **2.** À la place des blocs « tourner à droite », on met les blocs « tourner à gauche ».

▶ **3.** Il faut donner la valeur $48 \div 2 = \boxed{24}$ à la variable x car il y a 24 allers-retours.
Il faut donner la valeur $\boxed{64}$ à y pour avancer de 64 m à la dernière rangée.

ATTENTION !
Il y a 48 rangées donc le robot n'effectue que 24 allers-retours.

71 France métropolitaine • Juillet 2019

Dessin sous Scratch

EXERCICE 4

15 min
19 points

On veut réaliser un dessin constitué de deux types d'éléments (tirets et carrés) mis bout à bout.
Chaque script ci-dessous trace un élément, et déplace le stylo.
On rappelle que « s'orienter à 90 » signifie qu'on oriente le stylo vers la droite.

```
définir Carré
    s'orienter à 90
    tourner ↺ de 90 degrés
    répéter 4 fois
        avancer de 5
        tourner ↻ de 90 degrés
        avancer de 5
    relever le stylo
    s'orienter à 90
    avancer de 10
    stylo en position d'écriture

définir Tiret
    s'orienter à 90
    avancer de 10
```

▶ **1.** En prenant 1 cm pour 2 pixels, représenter la figure obtenue si on exécute le script Carré.
Préciser les positions de départ et d'arrivée du stylo sur votre figure.

Pour tracer le dessin complet, on a réalisé 2 scripts qui se servent des blocs « Carré » et « Tiret » ci-avant :

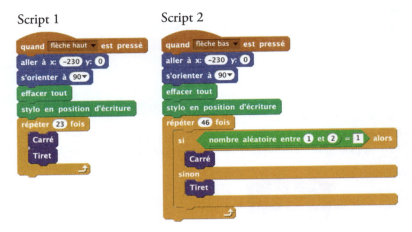

On exécute les deux scripts et on obtient les deux dessins ci-dessous.

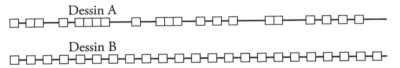

▶ **2.** Attribuer à chaque script la figure dessinée. Justifier votre choix.

▶ **3.** On exécute le script 2.
a) Quelle est la probabilité que le premier élément tracé soit un carré ?
b) Quelle est la probabilité que les deux premiers éléments soient des carrés ?

▶ **4.** Dans le script 2, on aimerait que la couleur des différents éléments, tirets ou carrés, soit aléatoire, avec à chaque fois 50 % de chance d'avoir un élément noir et 50 % de chance d'avoir un élément rouge.
Écrire la suite d'instructions qu'il faut alors créer et préciser où l'insérer dans le script 2.
Indication : on pourra utiliser les instructions `mettre la couleur du stylo à ■` et `mettre la couleur du stylo à ■` pour choisir la couleur du stylo.

Écrire et exécuter un programme simple • SUJET 71

LES CLÉS DU SUJET

● L'intérêt du sujet

Dans cet exercice d'algorithmique, tu vas comprendre et compléter des programmes permettant de tracer des figures plus ou moins régulières.

● Nos coups de pouce, question par question

▶ 1. Tracer une figure programmée avec Scratch	Remarque que le carré a comme côté 10 pixels, soit 5 cm, et qu'à chaque répétition la portion dessinée représente un coin du carré entre deux milieux de côtés consécutifs.
▶ 2. Comprendre un programme sous Scratch	Le dessin B a un motif qui se répète régulièrement, quel programme a pu le tracer ?
▶ 3. a) Calculer des probabilités simples	Demande-toi quelle valeur permet d'obtenir un carré. Puis quelle probabilité cette valeur a d'apparaître.
b) Construire un arbre des possibles	Dessine un arbre des possibles et regarde quelles branches mènent à deux carrés.
▶ 4. Compléter un programme Scratch	Dans le bloc Si... Alors... Sinon : remplace « Carré » et « Tiret » par les blocs indiqués dans l'énoncé.

S'ENTRAÎNER

71 CORRIGÉ GUIDÉ

▶ **1.**

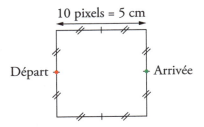

▶ **2.** Le script 1 correspond au dessin B car il crée 23 fois le même motif carré-tiret. Le script 2 correspond au dessin A car il crée 46 tracés aléatoires de carrés et de tirets.

▶ **3. a)** Si le nombre aléatoire est 1, c'est un carré qui est tracé.
Or la probabilité que le 1 sorte est de $\frac{1}{2}$.

Donc la probabilité que le premier tracé soit un carré est de $\boxed{\frac{1}{2}}$.

b) Pour obtenir la probabilité que les deux premiers tracés soient des carrés, on dessine un arbre des possibles :

La seule possibilité d'avoir carré-carré est d'avoir les valeurs 1– 1. Il y a une branche sur quatre qui conduit à cette situation. Donc la probabilité d'avoir carré-carré vaut $\frac{1}{4}$.

▶ **4.** À l'intérieur du bloc « répéter 46 fois », il faut glisser les blocs suivants :

72 Pondichéry • Mai 2018

Jeu de fléchettes

EXERCICE 5

Dans tout l'exercice, l'unité de longueur est le mm.

On lance une fléchette sur une plaque carrée sur laquelle figure une cible circulaire (en bleu sur la figure). Si la pointe de la fléchette est sur le bord de la cible, on considère que la cible n'est pas atteinte.
On considère que cette expérience est aléatoire et l'on s'intéresse à la probabilité que la fléchette atteigne la cible.

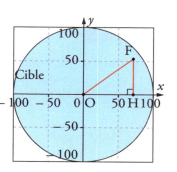

- La longueur du côté de la plaque carrée est 200.
- Le rayon de la cible est 100.
- La fléchette est représentée par le point F de coordonnées $(x\,;\,y)$ où x et y sont des nombres aléatoires compris entre -100 et 100.

▶ **1.** Dans l'exemple ci-dessus, la fléchette F est située au point de coordonnées (72 ; 54).
Montrer que la distance OF, entre la fléchette et l'origine du repère, est 90.

▶ **2.** D'une façon générale, quel nombre ne doit pas dépasser la distance OF pour que la fléchette atteigne la cible ?

▶ **3.** On réalise un programme qui simule plusieurs fois le lancer de cette fléchette sur la plaque carrée et qui compte le nombre de lancers atteignant la cible. Le programmeur a créé trois variables nommées : **carré de OF**, **distance** et **score**.
a) Lorsqu'on exécute ce programme, combien de lancers sont simulés ?
b) Quel est le rôle de la variable **score** ?
c) Compléter et recopier sur la copie uniquement les lignes 5, 6 et 7 du programme afin qu'il fonctionne correctement.
d) Après une exécution du programme, la variable **score** est égale à 102. À quelle fréquence la cible a-t-elle été atteinte dans cette simulation ? Exprimer le résultat sous la forme d'une fraction irréductible.

Écrire et exécuter un programme simple • SUJET 72

```
1  quand [drapeau] est cliqué
2  mettre [score ▼] à [0]
3  répéter (120) fois
4      aller à x: (nombre aléatoire entre (-100) et (100)) y: (nombre aléatoire entre (-100) et (100))
5      mettre [carré de OF ▼] à ((abscisse x) * (abscisse x) + (        ))
6      mettre [distance ▼] à (racine ▼ de (        ))
7      si <(distance) < (        )> alors
8          ajouter à [score ▼] (1)
```

▶ **4.** On admet que la probabilité d'atteindre la cible est égale au quotient : aire de la cible divisée par aire de la plaque carrée. Donner une valeur approchée de cette probabilité au centième près.

LES CLÉS DU SUJET

● L'intérêt du sujet

Le traditionnel jeu de fléchettes sert ici de base au travail de l'algorithmique, mais aussi à revoir le théorème de Pythagore et les calculs d'aire d'un disque.

● Nos coups de pouce, question par question

▶ **1.** Utiliser le théorème de Pythagore	Repère l'hypoténuse du triangle OHF, puis applique le théorème de Pythagore avec OH = 72 et HF = 54.
▶ **2.** Observer une figure	Demande-toi quel est le rayon maximal de la cible.
▶ **3.** Comprendre un programme Scratch	**a)** Regarde la valeur dans la boucle « répéter ». **b)** Dès que la cible est atteinte, la variable « score » est incrémentée de 1. **c)** L'abscisse du point F correspond à la longueur OH et son ordonnée à la longueur HF. La distance de la flèche au centre correspond à la longueur OF. Remarque que la variable « score » augmente de 1 lorsque la distance est inférieure à 100.
▶ **4.** Calculer une probabilité par quotient d'aires	Souviens-toi que $\text{Aire}_{disque} = \pi \times r^2$.

72 CORRIGÉ GUIDÉ

▶ **1.** Le triangle OHF est rectangle en H donc d'après le théorème de Pythagore on a :
$OF^2 = OH^2 + HF^2$
$OF^2 = 72^2 + 54^2$
$OF^2 = 8100$
$OF = \sqrt{8100} = 90$

La distance OF vaut 90.

RAPPEL
Pour calculer une longueur dans un triangle rectangle, pense au théorème de Pythagore !

▶ **2.** La distance OF ne doit pas dépasser la valeur 100 puisque c'est le rayon maximal de la cible.

▶ **3. a)** La boucle « répéter » nous indique que 120 lancers ont été simulés.
b) La variable **score** compte le nombre de fois où la cible a été atteinte.
c)

```
5  mettre [carré de OF▼] à (abscisse x) * (abscisse x) + (ordonnée y) * (ordonnée y)
6  mettre [distance▼] à (racine▼ de (carré de OF))
7  si (distance) < 100 alors
       ajouter à [score▼] 1
```

d) La cible a été atteinte avec une fréquence de $\dfrac{102}{120} = \dfrac{17}{20}$.

▶ **4.** $\text{Aire}_{\text{cible}} = \pi \times r^2 = \pi \times 100^2 = 10\,000\pi$
$\text{Aire}_{\text{rectangle}} = c \times c = 200 \times 200 = 40\,000$

La probabilité d'atteindre la cible est de $\dfrac{10\,000\pi}{40\,000} \approx 0{,}79$.

Préparer l'épreuve du brevet : le sprint final

L'essentiel du programme en 15 fiches MÉMO

FICHE 1 Différents nombres et leurs représentations	232
FICHE 2 Puissance et racine carrée	233
FICHE 3 Calcul avec des fractions	234
FICHE 4 Multiples, diviseurs, nombres premiers	235
FICHE 5 Calcul littéral	236
FICHE 6 Statistiques	237
FICHE 7 Probabilités	238
FICHE 8 Proportionnalité, pourcentages	239
FICHE 9 Fonctions	240

FICHE 10 Grandeurs et mesures	241
FICHE 11 Transformations sur une figure	242
FICHE 12 Repérages	243
FICHE 13 Triangle et parallélogramme	244
FICHE 14 Pythagore et Thalès	245
FICHE 15 Algorithmique et programmation	246

Trois SUJETS COMPLETS

SUJET 73 France métropolitaine 2021	247
SUJET 74 Amérique du Nord 2021	259
SUJET 75 France métropolitaine 2020	271

1 Différents nombres et leurs représentations

Notion	Définition
Nombre entier naturel	Nombre entier (c'est-à-dire qui s'écrit sans chiffre après la virgule) positif ou nul.
Nombre entier relatif	Nombre entier positif, négatif ou nul.
Nombre décimal	Nombre qui s'écrit avec un nombre fini de chiffres après la virgule. *Exemple* : 0,64.
Nombre rationnel (ou fraction)	Nombre qui peut s'écrire sous la forme d'une fraction, c'est-à-dire sous la forme $\frac{a}{b}$, où a et b sont des nombres entiers relatifs et $b \neq 0$. *Exemple* : $\frac{16}{25}$.
Fraction décimale	Fraction dont le dénominateur est une puissance de 10. *Exemple* : $\frac{64}{10^2} = \frac{64}{100}$.
Notation scientifique d'un nombre	Notation de la forme $x = a \times 10^n$ où $1 \leq a < 10$ et n est un entier relatif. On peut utiliser cette notation pour tout nombre positif x. *Exemple* : $6,4 \times 10^{-1}$.
Nombre irrationnel	Nombre qui ne peut pas s'écrire sous la forme d'une fraction. *Exemples* : $\sqrt{2}$, π…

REMARQUES

1. Un même nombre peut s'écrire de différentes façons.
Ainsi 0,64, $\frac{16}{25}$, $\frac{64}{100}$ et $6,4 \times 10^{-1}$ représentent le même nombre.

2. Un nombre rationnel a une infinité d'écritures sous forme de fraction. Une **fraction irréductible** est une fraction qui ne peut pas être simplifiée.

3. Attention ! Ne pas confondre l'opposé et l'inverse d'un nombre.
- Deux nombres sont **opposés** si leur somme est nulle.

Exemples : −5 est l'opposé de 5, $-\frac{1}{3}$ est l'opposé de $\frac{1}{3}$.

- Deux nombres sont **inverses** si leur produit est 1.

Exemples : $\frac{1}{5}$ est l'inverse de 5, $-\frac{1}{3}$ est l'inverse de −3.

Puissance et racine carrée

A Définitions

Notion	Définition
Puissance d'un nombre	Produit de n facteurs égaux à a (a étant un nombre non nul et n un nombre entier naturel positif). On le note a^n : $a^n = \underbrace{a \times a \times ... \times a}_{n \text{ facteurs}}$. a^{-n} est l'inverse de a^n. Donc $a^{-n} = \dfrac{1}{a^n}$. *Exemples* : $5^3 = 5 \times 5 \times 5 = 125$; $10^{-2} = \dfrac{1}{10^2} = \dfrac{1}{100} = 0{,}01$.
Racine carrée d'un nombre	Nombre positif dont le carré est égal à a (où a est un nombre positif donné). On le note $\sqrt{a}$. *Exemples* : $\sqrt{25} = 5$; $\sqrt{56{,}25} = 7{,}5$.

B Préfixes scientifiques

Préfixe	Symbole	Puissance de 10	Valeur	Exemples
giga	G	10^9	1 000 000 000	1 gigawatt = 1 000 000 000 watts
méga	M	10^6	1 000 000	1 mégahertz = 1 000 000 hertz
kilo	k	10^3	1 000	1 kilocalorie = 1 000 calories
hecto	h	10^2	100	1 hectopascal = 100 pascals
déca	da	10^1	10	1 décalitre = 10 litres
déci	d	10^{-1}	0,1	1 décimètre = 0,1 mètre
centi	c	10^{-2}	0,01	1 centigramme = 0,01 gramme
milli	m	10^{-3}	0,001	1 milliseconde = 0,001 seconde
micro	μ	10^{-6}	0,000 001	1 microampère = 0,000 001 ampère
nano	n	10^{-9}	0,000 000 001	1 nanomètre = 0,000 000 001 m

SPRINT FINAL

Calcul avec des fractions

A Règles de calcul

Objectif	Règle
Comparer	• Si deux fractions ont le même dénominateur, la fraction la plus grande est celle qui a le plus grand numérateur. • Si deux fractions ont le même numérateur, la fraction la plus grande est celle qui a le plus petit dénominateur.
Additionner ou soustraire	Pour additionner (ou soustraire) deux fractions, on les réduit au même dénominateur puis on additionne (ou on soustrait) les numérateurs et on conserve le dénominateur commun. Exemple : $-\dfrac{9}{14} - \dfrac{5}{3} = -\dfrac{9 \times 3}{14 \times 3} - \dfrac{5 \times 14}{3 \times 14} = -\dfrac{27}{42} - \dfrac{70}{42} = -\dfrac{97}{42}$.
Multiplier	Pour multiplier deux fractions, on multiplie les numérateurs entre eux et les dénominateurs entre eux. Exemple : $\dfrac{7}{9} \times \left(-\dfrac{2}{7}\right) = \dfrac{7 \times (-2)}{9 \times 7} = -\dfrac{2}{9}$.
Diviser	Pour diviser deux fractions, on multiplie la fraction numérateur par l'inverse de la fraction dénominateur. Exemple : $\dfrac{\frac{5}{3}}{-\frac{9}{14}} = \dfrac{5}{3} \times \left(-\dfrac{14}{9}\right) = -\dfrac{70}{27}$.

B Règles de priorité

Dans une expression qui comporte plusieurs opérations, on effectue les calculs dans l'ordre suivant :

> ❶ Commencer par effectuer les calculs entre parenthèses (s'il y en a !).

> ❷ Effectuer toujours les multiplications et les divisions avant les additions et les soustractions.

> ❸ S'il n'y a que des additions et des soustractions, les effectuer dans l'ordre où elles sont indiquées.

Exemple : $B = \left(-\dfrac{3}{4} + \dfrac{1}{4}\right) \times \dfrac{1}{2} - \dfrac{5}{8}$

$B = -\dfrac{2}{4} \times \dfrac{1}{2} - \dfrac{5}{8}$

$B = \dfrac{-2 \times 1}{4 \times 2} - \dfrac{5}{8} = -\dfrac{7}{8}$.

4 Multiples, diviseurs, nombres premiers

A Multiples, diviseurs : définitions

Notion	Définition
Multiple	On appelle multiple d'un entier naturel le produit de ce nombre entier naturel par un autre nombre entier naturel. *Exemples* : 45, 135 et 225 sont des multiples de 15, car $45 = 3 \times 15$ et $135 = 9 \times 15$ et $225 = 15 \times 15$.
Diviseur	Soient deux entiers naturels a et b. a est un diviseur de b lorsque la division de b par a se fait exactement, c'est-à-dire ne donne pas de reste. *Exemples* : 13 est un diviseur de 91 car $91 = 13 \times 7 + 0$.

B Critères de divisibilité

Un nombre entier est divisible…

…par 2 si son chiffre des unités est 0, 2, 4, 6 ou 8.
Exemple : 218

…par 3 si la somme de ses chiffres est divisible par 3.
Exemple : 324

…par 5 si son chiffre des unités est 0 ou 5.
Exemple : 115

…par 10 si son chiffre des unités est 0.
Exemple : 820

…par 9 si la somme de ses chiffres est divisible par 9.
Exemple : 387

C Nombres premiers

Nombre premier	Un nombre premier est un nombre entier naturel divisible seulement par lui-même et par 1. *Exemple* : 17 est un nombre premier car il est divisible seulement par 17 et par 1. 55 n'est pas un nombre premier car il est divisible par 5.
Décomposition d'un nombre entier en un produit de facteurs premiers	Cette opération consiste à transformer un nombre entier en un produit de nombres premiers. *Exemple* : $600 = 2^3 \times 3 \times 5^2$.

5 Calcul littéral

A Développer

● À l'aide de la **propriété de distributivité** : on utilise les règles de la distributivité de la multiplication par rapport à l'addition.

Quels que soient les nombres a, b, c, d :
$a \times (b+c) = a \times b + a \times c$
Exemple : $2x \times (x+3) = 2x^2 + 6x$
$(a+b) \times (c+d) = a \times c + a \times d + b \times c + b \times d$
Exemple : $(6-x) \times (2-3x) = 12 - 18x - 2x + 3x^2 = 3x^2 - 20x + 12$

● À l'aide des **identités remarquables** : on distingue trois identités remarquables, a et b étant deux réels quelconques :

$(a+b)^2 = a^2 + 2ab + b^2$ Exemple : $(2x+5)^2 = 4x^2 + 20x + 25$
$(a-b)^2 = a^2 - 2ab + b^2$ Exemple : $(2x-4)^2 = 4x^2 - 16x + 16$
$(a+b) \times (a-b) = a^2 - b^2$ Exemple : $(3x+1) \times (3x-1) = 9x^2 - 1$

B Factoriser

● À l'aide de la **propriété de distributivité**.

Quels que soient les nombres a, b, c, d :
$a \times b + a \times c = a \times (b+c)$ Exemple : $2x \times (3x+1) + 2x \times (2x+5) = 2x \times (5x+6)$

● À l'aide des **identités remarquables** :
$a^2 + 2ab + b^2 = (a+b)^2$ Exemple : $x^2 + 6x + 9 = (x+3)^2 = (x+3) \times (x+3)$
$a^2 - 2ab + b^2 = (a-b)^2$ Exemple : $x^2 - 4x + 4 = (x-2)^2 = (x-2) \times (x-2)$
$a^2 - b^2 = (a+b) \times (a-b)$ Exemple : $x^2 - 4 = x^2 - 2^2 = (x+2) \times (x-2)$

C Équation produit

On utilise la propriété : lorsqu'un produit de facteurs est nul, alors l'un au moins des facteurs est nul.
Exemple : résoudre l'équation $(2x-1) \times (-x+3) = 0$.
La propriété ci-dessus permet d'affirmer que :
$2x - 1 = 0$, soit $x = \dfrac{1}{2}$ ou $-x + 3 = 0$, soit $x = 3$.
Conclusion : $\dfrac{1}{2}$ et 3 sont les solutions de l'équation.

6 Statistiques

A Représentation d'une série statistique

On peut représenter une série statistique à l'aide de différentes représentations graphiques.

- Le **diagramme en barres** donne en abscisse le caractère étudié, tandis que les effectifs correspondants sont en ordonnée. La hauteur de chaque barre est proportionnelle à l'effectif : **plus l'effectif est grand, plus la barre est haute**, et plus le caractère est fréquent.

- Le **diagramme circulaire** est composé de **plusieurs secteurs**. Chaque secteur possède un angle au centre qui est proportionnel à l'effectif.

- L'**histogramme** est utilisé quand les éléments de la série sont **regroupés en classes**. On porte les classes en abscisse et les effectifs en ordonnée.

B Caractéristiques de position

Notion	Définition
Fréquence d'une valeur	On appelle fréquence d'une valeur, le quotient de l'effectif de cette valeur par l'effectif total. On l'exprime souvent en pourcentage.
Moyenne d'une série statistique	C'est le nombre m réel égal au quotient de la somme de toutes les valeurs de la série statistique par l'effectif total.
Médiane d'une série statistique	C'est la valeur qui partage la série statistique, **rangée par ordre croissant** (ou décroissant), en deux parties de même effectif. Si l'effectif total de la série est un nombre impair, la médiane est une valeur de la série. Sinon, c'est un nombre compris entre deux valeurs de la série. On prend souvent pour médiane la moyenne de ces deux valeurs.

C Caractéristiques de dispersion

Notion	Définition
Étendue d'une série statistique	C'est la différence entre la plus grande et la plus petite valeur de la série statistique.
Écart moyen d'une série statistique	C'est la moyenne de la série obtenue en prenant les valeurs positives des différences entre chaque valeur de la série statistique et la valeur moyenne de la série.

7 Probabilités

A Calculer des probabilités dans une situation simple

Soit E un événement.

- La probabilité de réalisation de E est un nombre $p(E)$ compris entre 0 et 1.
- Si $p(E) = 0$ alors l'événement E est impossible.

Exemple : Soit E_1 l'événement « Obtenir un nombre négatif en lançant un dé ».
$p(E_1) = 0$, car cet événement est impossible.

> À NOTER Deux événements sont incompatibles s'ils ne peuvent pas se réaliser en même temps.

- Si $p(E) = 1$ alors l'événement E est certain.
- Quand les résultats d'une expérience ont tous la même probabilité, alors $p(E) = \dfrac{\text{nombre de résultats favorables}}{\text{nombre de résultats possibles}} = \dfrac{n}{N}$.

B Calculer des probabilités dans une situation complexe

Soit E un événement.

- Notons $\bar{E}$ l'évènement contraire de E (c'est-à-dire l'événement « non E »).

Alors on a : $p(E) + p(\bar{E}) = 1$.

- L'ensemble des issues d'une expérience aléatoire est appelé **univers**.
- Considérons tous les résultats possibles d'une expérience aléatoire, la somme de leurs probabilités de réalisation est égale à 1.

Exemple : On lance un dé bien équilibré.

Soit A_1 l'événement « obtenir 1 », A_2 l'événement « obtenir 2 », etc.

Puisque le dé est équilibré, la probabilité de chaque événement est donc égale à $\dfrac{1}{6}$, et on a :

$p(A_1) + p(A_2) + p(A_3) + p(A_4) + p(A_5) + p(A_6) = 6 \times \dfrac{1}{6} = 1$.

8 Proportionnalité, pourcentages

A Proportionnalité

1. Nombres proportionnels

Soient quatre nombres non nuls a, b, c, d.
- Les nombres a et b sont respectivement proportionnels aux nombres c et d, si $\dfrac{a}{c} = \dfrac{b}{d} = k$.
- k représente le **coefficient de proportionnalité**.

2. Représentations

- Une situation de proportionnalité peut se représenter par un tableau.

Un **tableau de proportionnalité** comporte deux suites de nombres.

Ces nombres sont tels que l'on passe de la première ligne à la seconde en multipliant tous les nombres de la première ligne par un même nombre.

Exemple

2	3	5	8
3	4,5	7,5	12

On passe de la première à la seconde ligne en multipliant par 1,5 chaque nombre de la première ligne.

- Une situation de proportionnalité peut aussi se représenter dans un **graphique** par des points alignés sur une droite passant par l'origine du repère.

3. Notion de ratio

Deux nombres x et y sont, par exemple, dans le ratio 4 : 5 si $\dfrac{x}{4} = \dfrac{y}{5}$.

B Pourcentages

- Appliquer une **augmentation** de n % à une quantité Q :

on obtient alors la quantité Q' telle que $Q' = Q\left(1 + \dfrac{n}{100}\right)$.

- Appliquer une **diminution** de n % à une quantité Q :

on obtient alors la quantité Q'' telle que $Q'' = Q\left(1 - \dfrac{n}{100}\right)$.

- Calculer le **pourcentage n d'augmentation** d'une quantité Q devenue Q_1 :

on a $n = \dfrac{Q_1 - Q}{Q} \times 100$.

9 Fonctions

A La notion de fonction

● Une fonction est une « machine » qui permet d'associer à un nombre, appelé **antécédent**, un autre nombre unique appelé **image**.

● On note souvent f cette « machine », x l'antécédent et $f(x)$ l'image du nombre x par la fonction f. On écrit alors $f : x \mapsto f(x)$.

Exemple : Si l'on a $f : x \mapsto f(x) = 3x + 1$, alors f est la machine à multiplier par 3 puis à ajouter 1. Si on choisit le nombre -4, alors la fonction f lui associe le nombre -11 car $f(-4) = 3 \times (-4) + 1 = -11$. Le nombre -4 est l'antécédent de -11 et -11 est l'image du nombre -4 par la fonction f.

B Fonction linéaire

1. Définition

● La fonction f qui associe au nombre x le nombre ax, où a est un nombre réel donné, est appelée **fonction linéaire**.
● On note $f : x \mapsto ax$ ou encore $f(x) = ax$.
● Une fonction linéaire reflète une situation de proportionnalité : a est **le coefficient de proportionnalité**.

2. Représentation graphique

● Sa représentation graphique est une droite passant par l'origine du repère. On place x en abscisse et $f(x)$ en ordonnée. Il suffit donc de connaître un point appartenant à la droite (autre que l'origine) pour la tracer.
● Le nombre a est le **coefficient directeur** de cette droite.

C Fonction affine

1. Définition

● La fonction f qui associe au nombre x le nombre $ax + b$, où a et b sont des réels donnés, est appelée **fonction affine**.
● On note $f : x \mapsto ax + b$ ou encore $f(x) = ax + b$.

2. Représentation graphique

● Sa représentation graphique est une droite. Il suffit donc de connaître deux points appartenant à la droite pour la tracer.
● a est le coefficient directeur de la droite et b est l'**ordonnée à l'origine** de la droite.

10 Grandeurs et mesures

A Grandeurs composées

● Une **grandeur composée produit** est une grandeur obtenue en multipliant d'autres grandeurs. Voici quelques grandeurs composées produit :

Grandeur composée	Grandeurs simples	Formule	Unités
Aire $\mathcal{A}$ d'un rectangle	Longueur L, largeur ℓ	$\mathcal{A} = L \times \ell$	Si L et ℓ en m, alors $\mathcal{A}$ en m^2
Volume $\mathcal{V}$ d'un cube	Arête c	$\mathcal{V} = c \times c \times c$	Si c en cm, alors $\mathcal{V}$ en cm^3
Puissance électrique consommée P	Tension U, intensité du courant I	$P = U \times I$	Si U en volts (V) et I en ampères (A), alors P en watts (W)
Énergie électrique E	Puissance P, temps t	$E = P \times t$	Si P en watts (W) et t en h, alors E en wattheures (Wh)

● Une **grandeur composée quotient** est une grandeur obtenue en divisant deux autres grandeurs. Voici quelques grandeurs composées quotient :

Grandeur composée	Grandeurs simples	Formule	Unités
Vitesse moyenne v	Distance d, temps t	$v = \dfrac{d}{t}$	Si d en m et t en s, alors v en m/s ou m$\times$s^{-1}
Débit D	Volume $\mathcal{V}$, durée t	$D = \dfrac{\mathcal{V}}{t}$	Si $\mathcal{V}$ en m^3 et t en h, alors D en m^3/h ou m$^3 \times$h^{-1}
Masse volumique ρ	Masse M, volume $\mathcal{V}$	$\rho = \dfrac{M}{\mathcal{V}}$	Si M en kg et $\mathcal{V}$ en m^3, alors ρ en kg/m^3 ou kg$\times$m^{-3}
Consommation de carburant C	Volume de carburant consommé $\mathcal{V}$, distance parcourue d	$C = \dfrac{\mathcal{V}}{d}$	Si $\mathcal{V}$ en litres (L) et d en km, alors C en L/km ou L$\times$km^{-1}

B Formules donnant des volumes

● Volume d'une pyramide ou d'un cône dont l'aire de la base est $\mathcal{B}$ et la hauteur h : $\mathcal{V} = \dfrac{1}{3} \times \mathcal{B} \times h$.

● Volume d'un cylindre dont le rayon de la base est r et la hauteur h : $\mathcal{V} = \pi \times r^2 \times h$.

● Volume d'une boule de rayon r : $\mathcal{V} = \dfrac{4}{3} \times \pi \times r^3$.

11 Transformations sur une figure

A Effet d'une translation sur un triangle

● Le triangle A'B'C' est l'image du triangle ABC par la translation qui transforme le point I en le point J. Ces deux triangles sont superposables.

● La translation est un **déplacement**. Elle conserve les distances, les alignements, les angles et les aires.

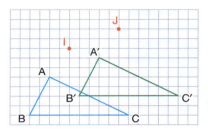

B Effet d'une rotation sur un triangle

● Le triangle A'B'C' est l'image du triangle ABC par la rotation de centre O et d'angle 100°. On a : OA = OA', OB = OB', OC = OC' et $\widehat{AOA'} = \widehat{BOB'} = \widehat{COC'} = 100°$.

● La rotation est un **déplacement**. Elle conserve les distances, les alignements, les angles et les aires.

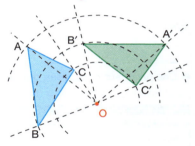

C Effet d'une homothétie sur un triangle

● Le triangle A'B'C' est l'image du triangle ABC par l'homothétie de centre O et de rapport 2 : on a un **agrandissement**.

Le triangle ABC est l'image du triangle A'B'C' par l'homothétie de centre O et de rapport $\frac{1}{2}$: on a une **réduction**.

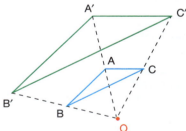

Nous avons donc : $\dfrac{OA'}{OA} = \dfrac{OB'}{OB} = \dfrac{OC'}{OC} = 2$ et $\dfrac{OA}{OA'} = \dfrac{OB}{OB'} = \dfrac{OC}{OC'} = \dfrac{1}{2}$.

● Lorsque toutes les dimensions d'une figure $\mathscr{F}$ sont multipliées par un même nombre k, on obtient une figure $\mathscr{F}'$. Si $k > 1$, $\mathscr{F}'$ est un agrandissement de $\mathscr{F}$. Si $0 < k < 1$, $\mathscr{F}'$ est une réduction de $\mathscr{F}$.

Les mesures des **côtés** de $\mathscr{F}'$ se déduisent des mesures des côtés de $\mathscr{F}$ en multipliant ces derniers par k.

L'**aire** de $\mathscr{F}'$ se déduit de l'aire de $\mathscr{F}$ en multipliant cette dernière par k^2.

Le **volume** de $\mathscr{F}'$ se déduit du volume de $\mathscr{F}$ en multipliant ce dernier par k^3.

12 Repérages

A Se repérer dans un plan

● Un **repère orthogonal** est constitué de deux axes perpendiculaires, les unités étant différentes sur chacun des axes (OI ≠ OJ). Si les unités sont les mêmes sur chaque axe (OI = OJ = 1 unité), alors le repère est **orthonormal**.

● Un point A du plan est repéré par deux nombres relatifs x_A et y_A.

x_A est l'abscisse du point A. L'**abscisse** se lit sur l'axe horizontal.
y_A est l'ordonnée du point A. L'**ordonnée** se lit sur l'axe vertical.
Les **coordonnées** du point A s'écrivent A(x_A ; y_A).
Exemple sur le schéma ci-dessus : A(3 ; 2) et B(–1 ; –2).

B Se repérer dans l'espace

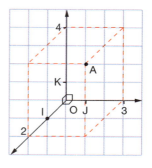

● Un repère orthonormal de l'espace est constitué de trois axes perpendiculaires 2 à 2.

● Un point A de l'espace est repéré par trois nombres relatifs : son **abscisse** x_A, son **ordonnée** y_A et son **altitude** z_A.

Les coordonnées de A s'écrivent A(x_A ; y_A ; z_A).
Exemple sur le schéma ci-contre : A(2 ; 3 ; 4).

C Se repérer sur une sphère

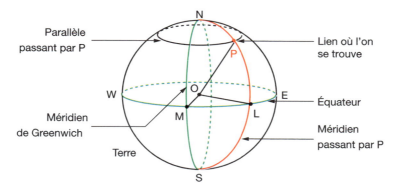

L'angle $\widehat{LOP}$ représente la **latitude** de P et $\widehat{MOL}$ représente la **longitude** de P.

13 Triangle et parallélogramme

A Le triangle

- La somme des mesures des trois angles d'un triangle est égale à 180°.
- La mesure d'un côté d'un triangle est toujours inférieure ou égale à la somme des mesures des deux autres côtés.
- Cas d'égalité des triangles :

Si 2 triangles ont un angle égal compris entre deux côtés respectivement égaux, alors ils sont égaux.		AB = DF AC = DE $\widehat{BAC} = \widehat{EDF}$
Si 2 triangles ont un côté égal compris entre deux angles respectivement égaux, alors ils sont égaux.		BC = EF $\widehat{ABC} = \widehat{DFE}$ $\widehat{ACB} = \widehat{DEF}$
Si 2 triangles ont leurs trois côtés respectivement égaux, alors ils sont égaux.		AB = DF AC = DE BC = EF

- Si deux triangles ont leurs trois angles respectivement égaux, alors ils sont **semblables**.

Le triangle ADE est une réduction du triangle ABC dans le rapport $\dfrac{AD}{AB}$.

Le triangle ABC est un agrandissement du triangle ADE dans le rapport $\dfrac{AB}{AD}$.

- Trigonométrie dans le triangle rectangle

$\sin \widehat{ABC} = \dfrac{AC}{BC} = \dfrac{\text{côté opposé}}{\text{hypoténuse}}$

$\cos \widehat{ABC} = \dfrac{AB}{BC} = \dfrac{\text{côté adjacent}}{\text{hypoténuse}}$

$\tan \widehat{ABC} = \dfrac{AC}{AB} = \dfrac{\text{côté opposé}}{\text{côté adjacent}}$

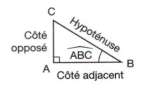

B Le parallélogramme

Dans un parallélogramme :
– les côtés opposés sont parallèles deux à deux ;
– les côtés opposés sont égaux deux à deux ;
– les diagonales se coupent en leur milieu.

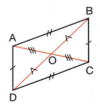

14 Pythagore et Thalès

A Théorème de Pythagore

- Théorème direct : si un triangle ABC est rectangle en A, alors $BC^2 = AB^2 + AC^2$.

- Réciproque : si un triangle ABC est tel que $BC^2 = AB^2 + AC^2$, alors ce triangle est rectangle en A.

B Théorème de Thalès

Théorème direct

- Soient deux droites $(\mathcal{D})$ et $(\mathcal{D}')$ sécantes en A.
- Soient B et M deux points de $(\mathcal{D})$, distincts de A.
- Soient C et N deux points de $(\mathcal{D}')$ distincts de A.
- Les points A, B et M sont dans le même ordre que les points A, C et N.

Si les droites (BC) et (MN) sont parallèles, alors : $\dfrac{AM}{AB} = \dfrac{AN}{AC} = \dfrac{MN}{BC}$

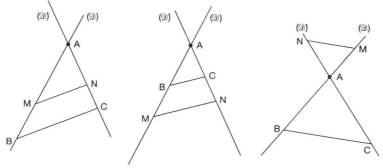

Réciproque

- Soient deux droites $(\mathcal{D})$ et $(\mathcal{D}')$ sécantes en A.
- Soient B et M deux points de $(\mathcal{D})$, distincts de A.
- Soient C et N deux points de $(\mathcal{D}')$ distincts de A.

Si les points A, B, et M d'une part et les points A, C, et N d'autre part sont dans le même ordre et si $\dfrac{AM}{AB} = \dfrac{AN}{AC}$, alors les droites (BC) et (MN) sont parallèles.

15 Algorithmique et programmation

A Algorithme

● Le mot algorithme vient du nom du mathématicien Al-Khawarizmi (VIIIe-IXe siècle après J.-C.).

● Un algorithme est une suite ordonnée d'instructions à exécuter pour résoudre un problème donné.

Exemples : appliquer une recette de cuisine ; suivre un itinéraire donné par un GPS ; construire une figure géométrique.

B Programme

● Un programme est une suite ordonnée d'instructions, un algorithme, qu'un ordinateur comprend et peut donc réaliser.

● Comme un algorithme, un programme peut être décomposé en trois parties : l'entrée des données, le traitement des données, la sortie des résultats.

Variables

● Les variables portent un nom et peuvent stocker des nombres, des mots, des phrases…

● La variable spéciale ⟨réponse⟩ contient ce qui est saisi par l'utilisateur.

Tests

● Les tests permettent de n'effectuer une instruction – ou un groupe d'instructions – que si une condition est remplie.

● Les conditions sont par exemple des comparaisons de variables du type : ⟨ < ⟩ ⟨ = ⟩ ⟨ > ⟩ que l'on peut regrouper avec « et » et « ou ».

● On peut ajouter une instruction à effectuer si la condition n'est pas vérifiée.

Boucles

● Une boucle permet de faire répéter un groupe d'instructions. Il en existe plusieurs types :
– boucle avec compteur : pour *i* allant de 1 à *n* faire *instructions*.
– boucle « tant que » : tant que *condition* est vraie faire *instructions*.
– boucle « jusqu'à » : faire *instructions* jusqu'à ce que *condition* soit vraie.

Sujet du brevet de France métropolitaine 2021

2 heures
100 points

EXERCICE 1 • LES TEMPÉRATURES À TOURS — 20 POINTS

Cette feuille de calcul présente les températures moyennes mensuelles à Tours en 2019.

	A	B	C	D	E	F	G
1	Mois	J	F	M	A	M	J
2	Température en °C	4,4	7,8	9,6	11,2	13,4	19,4

	A	H	I	J	K	L	M	N
1	Mois	J	A	S	O	N	D	Moyenne sur l'année
2	Température en °C	22,6	20,5	17,9	14,4	8,2	7,8	

▶ **1.** D'après le tableau ci-dessus, quelle a été la température moyenne à Tours en novembre 2019 ?

▶ **2.** Déterminer l'étendue de cette série.

▶ **3.** Quelle formule doit-on saisir en cellule N2 pour calculer la température moyenne annuelle ?

▶ **4.** Vérifier que la température moyenne annuelle est 13,1 °C.

▶ **5.** La température moyenne annuelle à Tours en 2009 était de 11,9 °C.
Le pourcentage d'augmentation entre 2009 et 2019, arrondi à l'unité, est-il de : 7 % ; 10 % ou 13 % ? Justifier la réponse.

EXERCICE 2 • AU FUTUROSCOPE — 20 POINTS

Le Futuroscope est un parc de loisirs situé dans la Vienne. L'année 2019 a enregistré 1,9 million de visiteurs.

▶ **1.** Combien aurait-il fallu de visiteurs en plus en 2019 pour atteindre 2 millions de visiteurs ?

▶ **2.** L'affirmation « Il y a eu environ 5 200 visiteurs par jour en 2019 » est-elle vraie ? Justifier la réponse.

▶ **3.** Un professeur organise une sortie pédagogique au Futuroscope pour ses élèves de troisième. Il veut répartir les 126 garçons et les 90 filles par groupes. Il souhaite que chaque groupe comporte le même nombre de filles et le même nombre de garçons.
a) Décomposer en produit de facteurs premiers les nombres 126 et 90.
b) Trouver tous les entiers qui divisent à la fois les nombres 126 et 90.
c) En déduire le plus grand nombre de groupes que le professeur pourra constituer. Combien de filles et de garçons y aura-t-il alors dans chaque groupe ?

▶ **4.** Deux élèves de troisième, Marie et Adrien, se souviennent avoir vu en mathématiques que les hauteurs inaccessibles pouvaient être déterminées avec l'ombre. Ils souhaitent calculer la hauteur de la Gyrotour du Futuroscope.
Marie se place comme indiquée sur la figure ci-dessous, de telle sorte que son ombre coïncide avec celle de la tour. Après avoir effectué plusieurs mesures, Adrien dessine le schéma ci-dessous (le schéma n'est pas à l'échelle), sur lequel les points A, E et B ainsi que les points A, D et C sont alignés.
Calculer la hauteur BC de la Gyrotour.

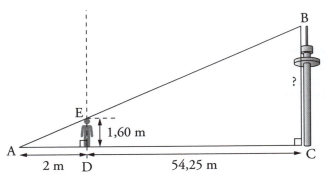

France métropolitaine • Juin 2021 • SUJET 73

| EXERCICE 3 • QCM | 20 POINTS |

Cet exercice est un questionnaire à choix multiples (QCM). Aucune justification n'est demandée. Pour chaque question, trois réponses (A, B et C) sont proposées. Une seule réponse est exacte.

Partie A

Une urne contient 7 jetons verts, 4 jetons rouges, 3 jetons bleus et 2 jetons jaunes. Les jetons sont indiscernables au toucher.
On pioche un jeton au hasard dans cette urne.

Questions	Réponse A	Réponse B	Réponse C
▶ **1.** À quel événement correspond une probabilité de $\frac{7}{16}$?	Obtenir un jeton de couleur rouge ou jaune.	Obtenir un jeton qui n'est pas vert.	Obtenir un jeton vert.
▶ **2.** Quelle est la probabilité de ne pas tirer un jeton bleu ?	$\frac{13}{16}$	$\frac{3}{16}$	$\frac{3}{4}$

Partie B

On considère la figure suivante, composée de vingt motifs numérotés de 1 à 20, dans laquelle :
• $\widehat{AOB} = 36°$;
• le motif 11 est l'image du motif 1 par l'homothétie de centre O et de rapport 2.

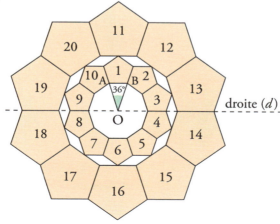

Questions	Réponse A	Réponse B	Réponse C
▶ **1.** Quelle est l'image du motif 20 par la symétrie d'axe la droite (*d*) ?	Le motif 17.	Le motif 15.	Le motif 12.
▶ **2.** Par quelle rotation le motif 3 est-il l'image du motif 1 ?	Une rotation de centre O, et d'angle 36°.	Une rotation de centre O, et d'angle 72°.	Une rotation de centre O, et d'angle 90°.
▶ **3.** L'aire du motif 11 est égale :	au double de l'aire du motif 1.	à 4 fois l'aire du motif 1.	à la moitié de l'aire du motif 1.

EXERCICE 4 • SCRATCH ET RÉSOLUTIONS D'ÉQUATIONS   20 POINTS

Voici un programme de calcul :

> Choisir un nombre.
> Prendre le carré du nombre de départ.
> Ajouter le triple du nombre de départ.
> Soustraire 10 au résultat.

▶ **1.** Vérifier que si on choisit 4 comme nombre de départ, on obtient 18.

▶ **2.** Appliquer ce programme de calcul au nombre −3.

▶ **3.** Vous trouverez ci-dessous un script, écrit avec Scratch.

```
1  quand [drapeau] est cliqué
2  demander [Choisis un nombre] et attendre
3  mettre [x] à (réponse)
4  mettre [y] à (x * x)
5  mettre [z] à (y + ( ) * ( ))
6  mettre [Résultat] à (( ) - ( ))
7  dire (regroupe [Le nombre final est] (Résultat)) pendant (2) secondes
```

Compléter les lignes 5 et 6 pour que ce script corresponde au programme de calcul.

▶ **4.** On veut déterminer le nombre à choisir au départ pour obtenir zéro comme résultat.
a) On appelle x le nombre de départ. Exprimer en fonction de x le résultat final.
b) Vérifier que ce résultat peut aussi s'écrire sous la forme : $(x + 5)(x - 2)$.
c) Quel(s) nombre(s) doit-on choisir au départ pour obtenir le nombre 0 à l'arrivée ?

EXERCICE 5 • LE COMPOSTEUR   20 POINTS

La production annuelle de déchets par Français était de 5,2 tonnes par habitant en 2007. Entre 2007 et 2017, elle a diminué de 6,5 %.

▶ **1.** De combien de tonnes la production annuelle de déchets par Français en 2017 a-t-elle diminué par rapport à l'année 2007 ?

▶ **2.** Pour continuer à diminuer leur production de déchets, de nombreuses familles utilisent désormais un composteur.
Une de ces familles a choisi le modèle ci-dessous, composé d'un pavé droit et d'un prisme droit (la figure du composteur n'est pas à l'échelle).
Le descriptif indique qu'il a une contenance d'environ 0,5 m³.
On souhaite vérifier cette information.

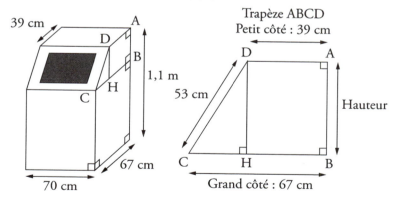

a) Dans le trapèze ABCD, calculer la longueur CH.
b) Montrer que la longueur DH est égale à 45 cm.
c) Vérifier que l'aire du trapèze ABCD est de 2 385 cm².
d) Calculer le volume du composteur.
L'affirmation « il a une contenance d'environ 0,5 m³ » est-elle vraie ? Justifier.

Rappels :
- Aire du trapèze = $\dfrac{(\text{petit côté} + \text{grand côté}) \times \text{hauteur}}{2}$
- Volume du prisme droit = aire de la base × hauteur
- Volume du pavé droit = longueur × largeur × hauteur

LES CLÉS DU SUJET

Exercice 1

■ L'intérêt du sujet
Les statistiques permettent d'étudier de nombreux phénomènes et, dans cet exercice, tu vas découvrir leur application dans le domaine de la météorologie.

■ Nos coups de pouce, question par question

▶ **1. Lire un tableau**
Lis la valeur en L2.

▶ **2. Calculer un indicateur statistique**
L'étendue est la différence entre la plus grande et la plus petite valeur.

▶ **3. Utiliser une feuille de calculs**
Rappelle-toi que, dans un tableur, toute formule commence par un signe « = ».

▶ **4. Calculer un indicateur statistique**
- Calcule la somme des 12 températures.
- Divise ensuite le tout par 12.

▶ **5. Calculer un pourcentage**
Divise la hausse de température par la moyenne de température en 2009, puis multiplie par 100.

Exercice 2

■ L'intérêt du sujet
Tu vas découvrir quelques renseignements sur le Futuroscope et travailler le théorème de Thalès et l'arithmétique.

France métropolitaine • Juin 2021 • SUJET 73

■ Nos coups de pouce, question par question

▶ 1. Lire des unités	Calcule une différence en faisant attention aux unités employées.
▶ 2. Calculer un indicateur statistique	On demande de calculer un nombre moyen quotidien de visiteurs ; il faut donc que tu utilises le fait qu'il y a 365 jours en 2019.
▶ 3. a) Décomposer un nombre en produit de facteurs premiers	Pour décomposer un nombre en produit de facteurs premiers, regarde si tes nombres sont divisibles par 2, puis 3, puis 5…
b) et c) Déterminer des diviseurs	Observe les nombres en commun dans les décompositions en facteurs premiers.
▶ 4. Calculer une longueur	Utilise le théorème de Thalès dans les triangles AED et ABC.

● Exercice 3

■ L'intérêt du sujet

À travers un QCM, tu vas réviser les notions de transformations planes ainsi que les probabilités.

■ Nos coups de pouce, question par question

Partie A Déterminer une probabilité	Souviens-toi que le dénominateur correspond au nombre total d'issues et le numérateur au nombre d'issues de l'événement cherché.
Partie B ▶ 1. et ▶ 2. Utiliser des transformations	Une symétrie axiale fait un effet miroir ; une rotation « tourne » une figure d'un certain angle.
▶ 3. Calculer l'effet d'un agrandissement sur une aire	Dans un agrandissement de coefficient k, les aires sont multipliées par k^2.

SPRINT FINAL

France métropolitaine • Juin 2021 • **SUJET** 73

Exercice 4

■ L'intérêt du sujet
Tu vas réinvestir les leçons sur le calcul littéral et l'algorithmique.

■ Nos coups de pouce, question par question

▶ 1. et ▶ 2. Appliquer un programme de calcul	• Prends comme nombre de départ 4 puis calcule chaque étape du programme. • Suis le même raisonnement avec comme nombre de départ −3.
▶ 3. Compléter un algorithme sous Scratch	La ligne 5 de Scratch correspond à la 3ᵉ ligne du programme de calcul. La ligne 6 de Scratch correspond à la 4ᵉ ligne du programme de calcul.
▶ 4. Manipuler le calcul littéral et les équations	**b)** Développe la forme proposée avec la double distributivité. **c)** Résous une équation produit.

Exercice 5

■ L'intérêt du sujet
À travers un problème de développement durable, tu vas retravailler le théorème de Pythagore, les formules d'aires et de volumes, ainsi que les pourcentages.

■ Nos coups de pouce, question par question

▶ 1. Appliquer un pourcentage	Multiplie le pourcentage par la valeur initiale.
▶ 2. a) Calculer une longueur	Remarque que ABHD est un rectangle.
b) Utiliser un théorème de géométrie	Utilise le théorème de Pythagore dans le triangle rectangle CDH.
c) Appliquer une formule d'aire	Remplace, dans la formule rappelée, les côtés par les valeurs de l'énoncé.
d) Calculer un volume et convertir	• Calcule d'abord les volumes du prisme droit et du pavé droit. • Convertis enfin le volume total en m^3 et conclus.

73 CORRIGÉ GUIDÉ

EXERCICE 1

▶ **1.** En cellule L2, on lit que la température moyenne en novembre est de 8,2 °C.

▶ **2.** 22,6 − 4,4 = 18,2
L'étendue est de 18,2 °C.

▶ **3.** La formule à entrer en N2 est « =SOMME(B2:M2)/12 » ou « =(B2+C2+D2+E2+F2+G2+H2+I2+J2+K2+L2+M2)/12 ».

▶ **4.** La moyenne des températures pour l'année est :
$$\frac{4{,}4+7{,}8+9{,}6+11{,}2+13{,}4+19{,}4+22{,}6+20{,}5+17{,}9+14{,}4+8{,}2+7{,}8}{12} = 13{,}1 \text{ °C}.$$

▶ **5.** Le pourcentage d'augmentation entre 2009 et 2019 est de :
$$\frac{13{,}1-11{,}9}{11{,}9} \times 100 \approx 10.$$

EXERCICE 2

▶ **1.** 2 − 1,9 = 0,1
Il aurait fallu 0,1 million de visiteurs en plus, soit 100 000 visiteurs.

▶ **2.** $\frac{1\ 900\ 000}{365} \approx 5\ 205$

Il y a donc bien eu environ 5 200 visiteurs par jour en 2019. L'affirmation est vraie.

REMARQUE
2019 n'est pas une année bissextile ; elle contient donc 365 jours.

▶ **3. a)** 126 = 2 × 63 = 2 × 3 × 21 = 2 × 3 × 3 × 7
90 = 2 × 45 = 2 × 3 × 15 = 2 × 3 × 3 × 5

b) Les diviseurs communs à 126 et 90 sont des facteurs communs aux décompositions faites précédemment. Il y a donc :
1 ; 2 ; 3 ; 2 × 3 = 6 ; 3 × 3 = 9 et 2 × 3 × 3 = 18.

c) Le plus grand nombre de groupes que pourra faire le professeur est 18.

Il y aura alors, dans chaque groupe :
- 126 ÷ 18 = 7 garçons ;
- 90 ÷ 18 = 5 filles.

▶ **4.** Les droites (DC) et (EB) sont sécantes en A.

Puisque (ED) et (BC) sont toutes deux perpendiculaires à la même droite (AC), alors (ED) et (BC) sont parallèles.

Donc d'après le théorème de Thalès, on a :
$$\frac{AD}{AC} = \frac{AE}{AB} = \frac{DE}{BC}.$$
En remplaçant les longueurs connues, on obtient :
$$\frac{2}{54,25+2} = \frac{AE}{AB} = \frac{1,60}{BC}.$$
Donc : $BC = \frac{56,25 \times 1,60}{2} = 45$.

La Gyrotour mesure 45 m de hauteur.

EXERCICE 3

Partie A

▶ **1.** La bonne réponse est la réponse C.

Il y a bien 7 jetons verts sur les 16 disponibles.

▶ **2.** La bonne réponse est la réponse A.

Il y a bien 13 jetons non bleus sur les 16 disponibles.

Partie B

▶ **1.** La bonne réponse est la réponse A.

Les motifs 20 et 17 se superposent par pliage le long de l'axe (*d*).

▶ **2.** La bonne réponse est la réponse B.

Les motifs 3 et 1 correspondent dans la rotation de centre O d'angle 72°.

▶ **3.** La bonne réponse est la réponse B.

Le rapport de l'homothétie est 2 donc les aires sont multipliées par 2^2, c'est-à-dire par 4.

EXERCICE 4

▶ **1.** On applique le programme de calcul.
On choisit 4.
$4^2 = 16$
$16 + 3 \times 4 = 28$

France métropolitaine • Juin 2021 • CORRIGÉ

$28 - 10 = 18$

On obtient bien 18 en prenant 4 au départ.

▶ **2.** On applique le programme de calcul.
On choisit -3.
$(-3)^2 = 9$
$9 + 3 \times (-3) = 0$
$0 - 10 = -10$

> **RAPPELS**
> • Le carré d'un nombre est toujours positif.
> • Le triple d'un nombre x est $3x$.

On obtient -10 en prenant -3 au départ.

▶ **3.** Voici le script complété :

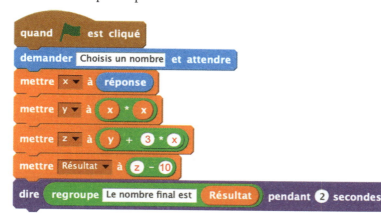

▶ **4. a)** Prenons x comme nombre de départ. Le programme de calcul donne successivement :
x^2
$x^2 + 3x$
$x^2 + 3x - 10$

Le résultat final est : $x^2 + 3x - 10$.

b) $(x+5)(x-2) = x^2 - 2x + 5x - 10$
$= x^2 + 3x - 10$

> **RAPPEL**
> Double distributivité :
> $(a+b)(c+d)$
> $= ac + ad + bc + bd$.

On obtient bien le même résultat.

c) Il s'agit de résoudre l'équation $x^2 + 3x - 10 = 0$, donc de résoudre l'équation $(x+5)(x-2) = 0$. C'est une équation produit. Or, si un produit de facteurs est nul alors l'un au moins de ses facteurs est nul.

Donc : $x + 5 = 0$ ou $x - 2 = 0$. C'est-à-dire : $x = -5$ ou $x = 2$.
Donc, pour obtenir 0 avec le programme de calculs, il faut choisir les nombres −5 ou 2.

EXERCICE 5

▶ **1.** $5,2 \times \dfrac{6,5}{100} = 0,338$

La production annuelle de déchets a diminué de 0,338 t en 2017 par rapport à 2007.

▶ **2. a)** DABH a trois angles droits, c'est donc un rectangle et HB = DA = 39 cm.
Les points C, H et B sont alignés donc :
CH = CB − HB
CH = 67 − 39
CH = 28 cm.

b) CDH est rectangle en H donc, d'après le théorème de Pythagore, on a :
$CD^2 = CH^2 + HD^2$
$53^2 = 28^2 + HD^2$
$2\,809 = 784 + HD^2$
$HD^2 = 2\,809 - 784 = 2\,025$
Donc : $HD = \sqrt{2\,025} = 45$ cm.

RAPPEL
Dans la formule de Pythagore, le carré de l'hypoténuse est égal à la somme des carrés des deux autres côtés.

c) Aire du trapèze = $\dfrac{(\text{petit côté} + \text{grand côté}) \times \text{hauteur}}{2}$

$= \dfrac{(39 + 67) \times 45}{2} = 2\,385$ cm^2.

d) Volume du pavé droit = $L \times l \times h$
$= 70 \times 67 \times (110 - 45) = 304\,850$ cm^3.

ATTENTION !
Pense à convertir 1,10 m en centimètres.

Volume du prisme droit
= aire de la base × hauteur
= $2\,385 \times 70 = 166\,950$ cm^3.

Par somme on trouve :
Volume du composteur = $304\,850 + 166\,950 = 471\,800$ cm^3
$= 0,471\,800$ m$^3 \approx 0,5$ m^3.

Donc l'affirmation est vraie.

Sujet du brevet d'Amérique du Nord 2021

2 heures
100 points

EXERCICE 1 • VRAI OU FAUX ?   26 POINTS

Pour chacune des six affirmations suivantes, indiquer sur votre copie si elle est vraie ou fausse. On rappelle que chaque réponse doit être justifiée.

▶ **1.** On considère la fonction f définie par $f(x) = 3x - 7$.
Affirmation n° 1 : L'image par f du nombre -1 est 2.

▶ **2.** On considère l'expression $E = (x - 5)(x + 1)$.
Affirmation n° 2 : L'expression E a pour forme développée et réduite $x^2 - 4x - 5$.

▶ **3.** n est un entier positif.
Affirmation n° 3 : Lorsque n est égal à 5, le nombre $2^n + 1$ est un nombre premier.

▶ **4.** On a lancé 15 fois un dé à six faces numérotées de 1 à 6 et on a noté les fréquences d'apparition dans le tableau ci-dessous :

Numéro de la face apparente	1	2	3	4	5	6
Fréquence d'apparition	$\frac{3}{15}$	$\frac{4}{15}$	$\frac{5}{15}$	$\frac{2}{15}$	$\frac{1}{15}$	…

Affirmation n° 4 : La fréquence d'apparition du 6 est 0.

▶ **5.** On considère un triangle RAS rectangle en S.
Le côté [AS] mesure 80 cm et l'angle $\widehat{ARS}$ mesure 26°.
Affirmation n° 5 : Le segment [RS] mesure environ 164 cm.

▶ **6.** Un rectangle ABCD a pour longueur 160 cm et pour largeur 95 cm.
Affirmation n° 6 : Les diagonales de ce rectangle mesurent exactement 186 cm.

Amérique du Nord • Juin 2021 • SUJET 74

EXERCICE 2 • LE TRIATHLON **21 POINTS**

Un athlète a réalisé un triathlon d'une longueur totale de 12,9 km.
Les trois épreuves se déroulent dans l'ordre suivant :

Épreuve n° 1	Épreuve n° 2	Épreuve n° 3
Natation	Cyclisme	Course à pied
Distance 400 m		Distance 2,5 km

Entre deux épreuves, l'athlète doit effectuer sur place un changement d'équipement.
Le graphique ci-dessous représente la distance parcourue (exprimée en kilomètres) par l'athlète, en fonction du temps de parcours (exprimé en minutes) de l'athlète pendant son triathlon.

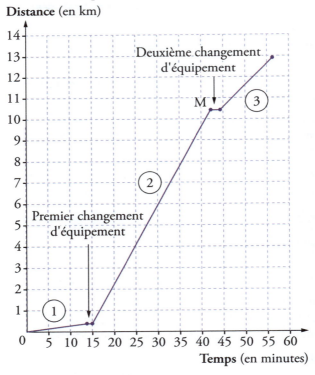

Le point M a pour abscisse 42 et pour ordonnée 10,4.
À l'aide du tableau ci-dessus ou par lecture du graphique ci-dessus avec la précision qu'il permet, répondre aux questions suivantes en justifiant la démarche.

▶ **1.** Au bout de combien de temps l'athlète s'est-elle arrêtée pour effectuer son premier changement d'équipement ?

▶ **2.** Quelle est la longueur, exprimée en kilomètres, du parcours de l'épreuve de cyclisme ?

▶ **3.** En combien de temps l'athlète a-t-elle effectué l'épreuve de course à pied ?

▶ **4.** Parmi les trois épreuves, pendant laquelle l'athlète a-t-elle été la moins rapide ?

▶ **5.** On considère que les changements d'équipement entre les épreuves font partie du triathlon.
La vitesse moyenne de l'athlète sur l'ensemble du triathlon est-elle supérieure à 14 km/h ?

EXERCICE 3 • DES TRANSFORMATIONS GÉOMÉTRIQUES   16 POINTS

Dans cet exercice, aucune justification n'est demandée.

On a construit un carré ABCD.
On a construit le point O sur la droite (DB), à l'extérieur du segment [DB] et tel que OB = AB.
Le point H est le symétrique de D par rapport à O.
On a obtenu la figure ci-contre en utilisant plusieurs fois la même rotation de centre O et d'angle 45°.
La figure obtenue est symétrique par rapport à l'axe (DB) et par rapport au point O.

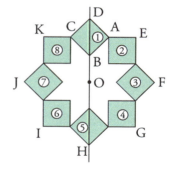

▶ **1.** Donner deux carrés différents, images l'un de l'autre par la symétrie axiale d'axe (DB).

▶ **2.** Le carré ③ est-il l'image du carré ⑧ par la symétrie de centre O ?

▶ **3.** On considère la rotation de centre O qui transforme le carré ① en le carré ②. Quelle est l'image du carré ⑧ par cette rotation ?

▶ **4.** On considère la rotation de centre O qui transforme le carré ② en le carré ⑤. Préciser l'image du segment [EF] par cette rotation.

EXERCICE 4 • LE DAMIER 16 POINTS

Dans cet exercice, aucune justification n'est demandée.

On dispose d'un tableau carré ci-dessous partagé en neuf cases blanches de mêmes dimensions qui constituent un motif.

Quatre instructions A, B, C, et E permettent de changer l'aspect de certaines cases, lorsqu'on applique ces instructions. Ainsi :

Instruction	Descriptif	Effet de l'instruction
A	La case centrale du motif est noircie.	
B	Dans le motif, la case en bas à gauche et la case en haut à droite sont noircies.	
C	Dans le motif, la case médiane à gauche et la case médiane à droite sont noircies.	
E	Les couleurs du motif sont inversées : les cases blanches deviennent noires et les cases noires deviennent blanches.	Inverser les couleurs

Remarque : si une case du motif est déjà noire et une instruction demande à la noircir, alors cette case ne change pas de couleur et reste noire à la suite de cette instruction.

Exemples : à partir d'un motif dont toutes les cases sont blanches :

La suite d'instruction A C permet d'obtenir le motif :		La suite d'instruction A C E permet d'obtenir le motif :	

Pour chacune des questions suivantes, on dispose au départ d'un motif dont toutes les cases sont blanches.

▶ **1.** Représenter le motif obtenu avec la suite d'instruction A B.

▶ **2.** Parmi les quatre propositions suivantes, deux propositions permettent d'obtenir le motif ci-contre. Lesquelles ?
- Proposition n° 1 : A B C
- Proposition n° 2 : C E
- Proposition n° 3 : B C E C
- Proposition n° 4 : C A E A

▶ **3.** Donner la suite d'instructions qui permet d'obtenir le motif ci-contre.

EXERCICE 5 • RÉNOVATION D'UNE SALLE DE BAIN   21 POINTS

On souhaite rénover une salle de bain qui a la forme d'un parallélépipède rectangle. Il faut coller du papier peint sur les quatre murs. On n'en colle pas sur la porte, ni sur la fenêtre.

Voici un schéma de la salle de bain, les dimensions sont exprimées en mètres :

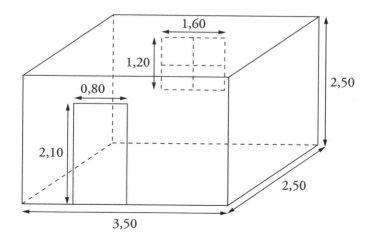

On dispose des informations suivantes :

Prix du papier peint	Prix de la colle
• le papier peint est vendu en rouleau entier ; • un rouleau coûte 16,95 € ; • un rouleau permet de recouvrir 5,3 m². *Conseil du vendeur* : prévoir un rouleau de papier peint en plus afin de compenser les pertes liées aux découpes.	• la colle est vendue en pot entier ; • un pot a une masse de 0,2 kg ; • un pot coûte 5,70 €. *Conseil du vendeur* : compter 1 pot de colle pour 4 rouleaux de papier peint.

▶ **1.** Montrer que la surface à recouvrir de papier peint est de 26,4 m².

▶ **2.** Calculer le prix, en euros, d'un mètre carré de papier peint. Arrondir au centime d'euro.

▶ **3.** Si on suit les conseils du vendeur, combien coûtera la rénovation de la salle de bain ?

▶ **4.** Le jour de l'achat, une remise de 8 % est accordée.
Quel est le prix à payer après remise ? Arrondir au centime d'euro.

LES CLÉS DU SUJET

● Exercice 1

■ **L'intérêt du sujet**
En six questions, on couvre une grande partie du programme ! Excellent exercice pour les révisions !

■ **Nos coups de pouce, question par question**

▶ **1.** Calculer l'image d'un nombre par une fonction	• L'image du nombre –1 par la fonction f est $f(-1)$. • Calcule $f(-1)$ et conclus.
▶ **2.** Savoir utiliser la double distributivité	Souviens-toi que deux termes multipliés par deux termes donnent, avant une simplification éventuelle, quatre termes.
▶ **3.** Manier puissance et nombres premiers	Un nombre entier naturel est premier s'il est divisible seulement par 1 et par lui-même.

Amérique du Nord • Juin 2021 • SUJET 74

▶ **4. Calculer des fréquences**
En statistique, on appelle fréquence d'une valeur le quotient de l'effectif de cette valeur par l'effectif total.

▶ **5. Calculer une distance à l'aide de la trigonométrie**
Utilise la relation suivante : dans un triangle rectangle, la tangente d'un angle aigu est le quotient de la mesure du côté opposé par celle du côté adjacent.

▶ **6. Appliquer le théorème de Pythagore**
Ne confonds pas valeur exacte et valeur approchée ! Par exemple, $\frac{5}{7}$ est une valeur exacte alors que 0,71 en est une valeur approchée.

Exercice 2

■ L'intérêt du sujet
Trois sports en un ! Et on devient un athlète complet. Tu pourras ensuite te tester sur le pentathlon (5 épreuves) et le décathlon (10 épreuves).

■ Nos coups de pouce, question par question

▶ **1. Effectuer des lectures graphiques**
Lis directement sur le graphique le résultat à la question posée. Donne une valeur approchée.

▶ **2. Résoudre une équation**
• Utilise le fait que la distance totale est de 12,9 km.
• Puis pose une équation.

▶ **3. Effectuer des lectures graphiques**
Le temps recherché est la différence entre deux temps que tu peux lire sur le graphique.

▶ **4. Mesurer une vitesse moyenne**
La vitesse moyenne est donnée par le coefficient directeur de la droite. Repère sur le graphique la droite qui a le coefficient directeur le plus petit.

▶ **5. Calculer une vitesse moyenne**
Applique la relation $v = \frac{d}{t}$ où d est la distance parcourue, t le temps mis pour la parcourir et v la vitesse moyenne.

Exercice 3

■ L'intérêt du sujet
On peut réaliser un très joli carrelage avec des motifs carrés et des motifs en forme d'étoile.

SPRINT FINAL

Amérique du Nord • Juin 2021 • SUJET 74

■ **Nos coups de pouce, question par question**

▶ 1. Reconnaître une symétrie axiale	Cherche si tu peux trouver un axe de symétrie sur la figure.
▶ 2. Utiliser une symétrie centrale	Recherche les propriétés de la symétrie centrale. Que penses-tu des points D, O et H ? Et des points K, O et F ?
▶ 3. et ▶ 4. Utiliser une rotation	Repère une rotation de centre O et d'angle 45°.

● Exercice 4

■ **L'intérêt du sujet**

La programmation informatique se répand de plus en plus rapidement dans de nombreux métiers. Dans cet exercice, tu vas travailler sur un codage simple.

■ **Nos coups de pouce, question par question**

▶ 1. ▶ 2. et ▶ 3. Noircis les cases au fur et à mesure des instructions.

● Exercice 5

■ **L'intérêt du sujet**

Une rénovation de salle de bains à des prix très étudiés : élaboration d'un devis détaillé.

■ **Nos coups de pouce, question par question**

▶ 1. Calculer des aires	Calcule les aires des murs sans compter celles de la porte et de la fenêtre.
▶ 2. Calculer un prix au mètre carré	Divise le prix d'un rouleau par la surface de papier peint.
▶ 3. Calculer les prix des différents composants	Calcule le nombre rouleaux de papier peint nécessaires et additionne les prix des différents composants.
▶ 4. Appliquer un pourcentage	Une augmentation de 8 % d'un prix P correspond à une augmentation de $\frac{8}{100} \times P$.

EXERCICE 1

▶ **1.** L'image de −1 par la fonction f est $f(-1) = 3(-1) - 7 = -10$.
L'affirmation n° 1 est fausse.

▶ **2.** Utilisons la propriété de double distributivité :
$E = (x - 5) \times (x + 1)$ soit $E = x^2 - 5x + x - 5$ alors $E = x^2 - 4x - 5$.
L'affirmation n° 2 est vraie.

▶ **3.** Si $n = 5$, alors $2^n + 1 = 2^5 + 1 = 2 \times 2 \times 2 \times 2 \times 2 + 1 = 33$.
Le nombre 33 n'est pas un nombre premier puisqu'il est divisible, entre autres, par 3.
L'affirmation n° 3 est fausse.

▶ **4.** La somme de toutes les fréquences d'apparition vaut 1.
Si on note f la fréquence d'apparition du nombre 6, on a :
$\frac{3}{15} + \frac{4}{15} + \frac{5}{15} + \frac{2}{15} + \frac{1}{15} + f = 1$.
Donc $f = 0$. La fréquence d'apparition du nombre 6 est nulle.
L'affirmation n° 4 est vraie.

▶ **5.** Soit un triangle RAS.

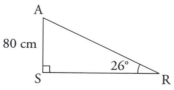

Calculons $\tan \widehat{ARS} = \frac{AS}{RS}$ ou encore $RS = \frac{AS}{\tan \widehat{ARS}}$.
$RS = \frac{80}{\tan 26°} \approx 164$ cm.
L'affirmation n° 5 est vraie.

▶ **6.** Soit un rectangle ABCD.

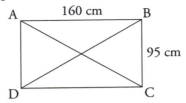

Appliquons le théorème de Pythagore au triangle ABC rectangle en B.
$AC^2 = AB^2 + CB^2$ soit $AC^2 = 160^2 + 95^2 = 34\,625$.
Alors $AC = \sqrt{34\,625} \approx 186{,}07\ldots$
Conclusion : la diagonale [DB] ne mesure pas exactement 186 cm.
L'affirmation n° 6 est fausse.

EXERCICE 2

▶ **1.** On lit sur le graphique que l'athlète s'est arrêtée pour la première fois au bout de 14 minutes afin d'effectuer son premier changement d'équipement.

▶ **2.** L'épreuve de natation est sur 400 m, soit 0,4 km.
Le parcours de l'épreuve de cyclisme mesure x km.
Le parcours de l'épreuve de course à pied mesure 2,5 km.
Puisque la longueur totale est de 12,9 km, nous avons l'équation :
$0{,}4 + x + 2{,}5 = 12{,}9$.
Alors $x = 10$.
Le parcours de l'épreuve de cyclisme mesure 10 km.

▶ **3.** Nous pouvons lire sur le graphique que l'épreuve de course à pied a commencé 44 minutes après le départ de l'athlète dans ce marathon et s'est achevée 56 minutes après le départ.
L'athlète a donc effectué l'épreuve de course à pied en 12 minutes.

▶ **4.** Les 3 vitesses de l'athlète durant les 3 épreuves sont les coefficients directeurs (ou encore les pentes) des 3 droites correspondantes.
La pente la plus faible est celle de l'épreuve n° 1.
Conclusion : l'épreuve la moins rapide est la natation.

Amérique du Nord • Juin 2021 • CORRIGÉ 74

▶ **5.** L'athlète a parcouru 12,9 km en 56 minutes (lecture graphique) ou encore $\frac{56}{60}$ heure.

Appliquons la relation $v = \frac{d}{t}$ où d est la distance parcourue, t le temps mis pour la parcourir et v la vitesse moyenne réalisée.

$v = \frac{12,9}{\frac{56}{60}} = 12,9 \times \frac{60}{56}$ soit $v = 13,8$ km/h.

Conclusion : la vitesse moyenne sur le triathlon est de 13,8 km. Elle n'est pas supérieure à 14 km/h.

EXERCICE 3

▶ **1.** Le carré ② et le carré ⑧ sont images l'un de l'autre par la symétrie axiale d'axe (DB).

En effet, ces deux carrés peuvent se superposer par pliage le long de la droite (DB).

▶ **2.** Le carré ③ n'est pas l'image du carré ⑧ par la symétrie centrale de centre O. En effet les centres de ces deux carrés ne sont pas alignés avec le point O.

▶ **3.** L'image du carré ⑧ par cette rotation est le carré ①.

▶ **4.** Les images des points E et F par la rotation indiquée sont les points H et I.
L'image du segment [EF] est le segment [HI].

CONSEIL
Pour cet exercice, utilise des outils adéquats et construis une figure soignée.

EXERCICE 4

▶ **1.** Motif correspondant aux instructions AB :

▶ **2.** Ce sont les propositions 2 et 4 qui permettent d'obtenir le dessin.

▶ **3.** La suite d'instructions ABE permet d'obtenir le dessin demandé.

Amérique du Nord • Juin 2021 • CORRIGÉ

EXERCICE 5

▶ **1.** On calcule la surface des murs à recouvrir de papier peint en quatre étapes.

• Aire des deux murs carrés :

$A_1 = 2 \times (2,5 \times 2,5)$, soit $A_1 = 12,5$ m².

• Aire du mur rectangulaire sans compter l'aire de la porte :

$A_2 = (2,5 \times 3,5) - (2,1 \times 0,8)$, soit $A_2 = 7,07$ m².

• Aire du mur rectangulaire sans compter l'aire de la fenêtre :

$A_3 = (2,5 \times 3,5) - (1,6 \times 1,2)$, soit $A_3 = 6,83$ m².

• Surface A à recouvrir de papier peint :

$A = 12,5 + 7,07 + 6,83$ ou encore $\boxed{A = 26,4 \text{ m}^2}$.

▶ **2.** Calcul du prix de 1 m² de papier peint.

1 rouleau de papier peint coûte 16,95 € et avec 1 rouleau on recouvre 5,3 m².

Donc 1 m² de papier peint coûte $\dfrac{16,95}{5,3}$ soit environ 3,20 €, valeur arrondie au centime d'euro.

▶ **3.** Calcul du coût de la rénovation

• Papier peint :

Il faut $\dfrac{26,4}{5,3}$, soit 4,98 rouleaux. Mais le nombre de rouleaux vendus est un entier, et le vendeur conseille l'achat d'un rouleau supplémentaire. Cela implique l'achat de 6 rouleaux à 16,95 € l'unité, soit 101,70 €.

• Colle :

Il convient d'ajouter 2 pots de colle à 5,70 € l'unité, soit 11,40 €.

• Coût total : $C = 101,70 + 11,40 = \boxed{113,10 \text{ €}}$.

▶ **4.** Une remise de 8 % sur 113,10 € correspond à une remise de $\dfrac{8}{100} \times 113,10$ soit 9,05 €.

Conclusion : le prix à payer pour la rénovation est de $113,1 - 9,05$ soit $\boxed{104,05 \text{ €}}$.

ATTENTION !
Dans cet exercice, fais attention aux unités et aux arrondis demandés.

75 — France métropolitaine • Septembre 2020

Sujet du brevet de France métropolitaine 2020

2 heures
100 points

EXERCICE 1 • UN QCM TRÈS VARIÉ   20 POINTS

Cet exercice est un questionnaire à choix multiples (QCM). Pour chaque question, une seule des trois réponses proposées est exacte. Sur la copie, indiquer le numéro de la question et recopier, sans justifier, la réponse choisie.

Questions	Réponse A	Réponse B	Réponse C
▶ **1.** On donne la série de nombres suivante : 10 ; 6 ; 2 ; 14 ; 25 ; 12 ; 22. La médiane est…	12	13	14
▶ **2.** Un sac opaque contient 50 billes bleues, 45 rouges, 45 vertes et 60 jaunes. Les billes sont indiscernables au toucher et on tire une bille au hasard dans ce sac. La probabilité que cette bille soit jaune est…	60	0,3	$\dfrac{1}{60}$
▶ **3.** La décomposition en facteurs premiers de 2 020 est…	$2 \times 10 \times 101$	$5 \times 5 \times 101$	$2 \times 2 \times 5 \times 101$
▶ **4.** La formule qui permet de calculer le volume d'une boule de rayon R est…	$2\pi R$	πR^2	$\dfrac{4}{3}\pi R^3$
▶ **5.** Une homothétie de centre A et de rapport –2 est une transformation qui…	agrandit les longueurs.	réduit les longueurs.	conserve les longueurs.

EXERCICE 2 • QUE DE CONSIGNES !   20 POINTS

On considère le programme de calcul suivant :

> Choisir un nombre.
> Ajouter 7 à ce nombre.
> Soustraire 7 au nombre choisi au départ.
> Multiplier les deux résultats précédents.
> Ajouter 50.

▶ **1.** Montrer que si le nombre choisi au départ est 2, alors le résultat obtenu est 5.

▶ **2.** Quel est le résultat obtenu avec ce programme si le nombre choisi au départ est −10 ?

▶ **3.** Un élève s'aperçoit qu'en calculant le double de 2 et en ajoutant 1, il obtient 5, le même résultat que celui qu'il a obtenu à la question **1**.
Il pense alors que le programme de calcul revient à calculer le double du nombre de départ et à ajouter 1.
A-t-il raison ?

▶ **4.** Si x désigne le nombre choisi au départ, montrer que le résultat du programme de calcul est $x^2 + 1$.

▶ **5.** Quel(s) nombre(s) doit-on choisir au départ du programme de calcul pour obtenir 17 comme résultat ?

| EXERCICE 3 • LA BALANÇOIRE | 23 POINTS |

Une entreprise fabrique des portiques pour installer des balançoires sur des aires de jeux.

DOCUMENT 1 Croquis d'un portique

Vue d'ensemble

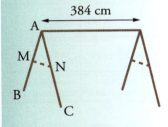

Vue de côté

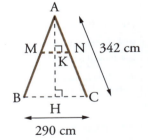

―― poutres en bois de diamètre 100 mm
- - - barres de maintien latérales en bois

ABC est un triangle isocèle en A.
H est le milieu de [BC].
(MN) est parallèle à (BC).

DOCUMENT 2 — Coût du matériel

Poutres en bois de diamètre 100 mm
- Longueur 4 m : 12,99 € l'unité ;
- Longueur 3,5 m : 11,75 € l'unité ;
- Longueur 3 m : 10,25 € l'unité.

Barres de maintien latérales en bois
- Longueur 3 m : 6,99 € l'unité ;
- Longueur 2 m : 4,75 € l'unité ;
- Longueur 1,5 m : 3,89 € l'unité.

Ensemble des fixations nécessaires pour un portique : 80 €.
Ensemble de deux balançoires pour un portique : 50 €.

▶ **1.** Déterminer la hauteur AH du portique, arrondie au cm près.

▶ **2.** Les barres de maintien doivent être fixées à 165 cm du sommet (AN = 165 cm).
Montrer que la longueur MN de chaque barre de maintien est d'environ 140 cm.

▶ **3.** Montrer que le coût minimal d'un tel portique équipé de balançoires s'élève à 196,98 €.

▶ **4.** L'entreprise veut vendre ce portique équipé 20 % plus cher que son coût minimal.
Déterminer ce prix de vente arrondi au centime près.

▶ **5.** Pour des raisons de sécurité, l'angle $\widehat{BAC}$ doit être compris entre 45° et 55°. Ce portique respecte-t-il cette condition ?

EXERCICE 4 • OCCUPATIONS PENDANT LES VACANCES SCOLAIRES   23 POINTS

Une association propose diverses activités pour occuper les enfants pendant les vacances scolaires.
Plusieurs tarifs sont proposés :
- Tarif A : 8 € par demi-journée.
- Tarif B : une adhésion de 30 € donnant droit à un tarif préférentiel de 5 € par demi-journée.

Un fichier sur tableur a été préparé pour calculer le coût à payer en fonction du nombre de demi-journées d'activités pour chacun des tarifs proposés :

	A	B	C	D	E	F
1	Nombre de demi-journées	1	2	3	4	5
2	Tarif A	8	16			
3	Tarif B	35	40			

Les questions 1, 2, 4 et 5 ne nécessitent pas de justification.

▶ **1.** Compléter le tableau ci-dessus.

▶ **2.** Retrouver parmi les réponses suivantes la formule qui a été saisie dans la cellule B3 avant de l'étirer vers la droite :

Réponse A	Réponse B	Réponse C	Réponse D	Réponse E
=8*B1	=30*B1+5	=5*B1+30*B1	=30+5*B1	=35

▶ **3.** On considère les fonctions f et g qui donnent les tarifs à payer en fonction du nombre x de demi-journées d'activités.
• Tarif A : $f(x) = 8x$.
• Tarif B : $g(x) = 30 + 5x$.
Parmi ces fonctions, quelle est celle qui traduit une situation de proportionnalité ?

▶ **4.** Sur le graphique ci-dessous, on a représenté la fonction g.

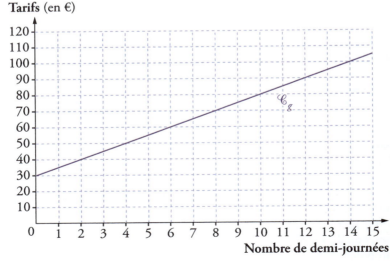

Représenter sur ce même graphique la fonction f.

▶ **5.** Déterminer le nombre de demi-journées d'activités pour lequel le tarif A est égal au tarif B.

▶ **6.** Avec un budget de 100 €, déterminer le nombre maximal de demi-journées auxquelles on peut participer. Décrire la méthode choisie.

EXERCICE 5 • L'ÉOLIENNE   14 POINTS

On cherche à dessiner une éolienne avec le logiciel Scratch ; elle est formée de 3 pales qui tournent autour d'un axe central.

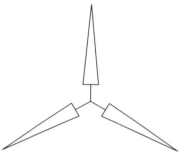

Éolienne modélisée avec Scratch

▶ **1.** La figure ci-dessous représente une pale de l'éolienne.

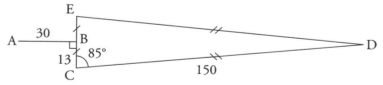

- DEC est un triangle isocèle en D.
- B est le milieu de [EC].
- [AB] est perpendiculaire à [EC].
- $\widehat{ECD} = 85°$.

France métropolitaine • Septembre 2020 • SUJET 75

a) Montrer que l'angle $\widehat{CDE}$ est égal à 10°.

b) Le script « pale » ci-contre permet de tracer une pale de l'éolienne avec le logiciel Scratch. Pourquoi la valeur indiquée dans le bloc de la ligne n° 6 est-elle 95 ?

c) Dans ce même script « pale », par quelle valeur doit-on compléter le bloc situé à la ligne n° 8 ? Recopier cette valeur sur votre copie.

```
1  définir pale
2  stylo en position d'écriture
3  avancer de 30
4  tourner ↻ de 90 degrés
5  avancer de 13
6  tourner ↺ de 95 degrés
7  avancer de 150
8  tourner ↺ de ___ degrés
9  avancer de 150
10 tourner ↺ de 95 degrés
11 avancer de 13
12 tourner ↻ de 90 degrés
13 avancer de 30
14 tourner ↻ de 180 degrés
15 relever le stylo
```

▶ **2.** Le script « eolienne » ci-dessous permet de tracer l'éolienne avec le logiciel Scratch.

```
définir eolienne
aller à x: 0 y: 0
répéter ___ fois
    pale
    tourner ↻ de 120 degrés
```

Par quelle valeur doit-on compléter la boucle « répéter » ?
Recopier cette valeur sur votre copie.

France métropolitaine • Septembre 2020 • SUJET 75

LES CLÉS DU SUJET

● Exercice 1

■ **L'intérêt du sujet**

Ce sujet aborde des notions très importantes sans calculs compliqués. Seuls la connaissance du cours et le raisonnement permettent de répondre aux différentes questions posées.

■ **Nos coups de pouce, question par question**

▶ 1. Calculer une médiane	Relis attentivement la définition de la médiane d'une série statistique.
▶ 2. Calculer des probabilités dans une situation simple	• Rappelle-toi la définition de la probabilité de réalisation d'un événement. • Une probabilité est un nombre compris entre 0 et 1.
▶ 3. Connaître la définition d'un nombre premier	Pour t'entraîner à reconnaître les nombres premiers, tu peux : – choisir au hasard quelques nombres entre 1 et 50 puis dire s'ils sont premiers ou pas ; – dire pourquoi 32 n'est pas un nombre premier.
▶ 4. Calculer le volume d'une boule connaissant son rayon	Un volume possède 3 dimensions. Donc seule une réponse qui multiplie 3 longueurs est acceptable.
▶ 5. Reconnaître une homothétie	Note qu'ici le rapport de l'homothétie est négatif (−2). Fais bien le rapprochement entre le rapport de l'homothétie et l'action de celle-ci sur les longueurs.

● Exercice 2

■ **L'intérêt du sujet**

Les programmes de calculs facilitent l'apprentissage du calcul mental. Ils servent à développer la mémoire et l'attention, ce qui est capital.

■ **Nos coups de pouce, question par question**

▶ 1. et ▶ 2. Bien lire les consignes et vérifier les résultats	• Effectue les différents calculs dans l'ordre indiqué. • Fais attention à la règle des signes ! • Enfin, vérifie les résultats avec une calculatrice.

SPRINT FINAL

France métropolitaine • Septembre 2020 • SUJET 75

▶ 3. Utiliser un contre-exemple	Veille à bien effectuer les calculs tout en soignant la rédaction.
▶ 4. Écrire une expression littérale	Au lieu de travailler sur des nombres, utilise des lettres.
▶ 5. Utiliser une identité remarquable	Utilise le théorème : lorsqu'un produit de facteurs est nul, alors l'un des facteurs au moins est nul.

● Exercice 3

■ L'intérêt du sujet

Une balançoire pour les sportifs et à prix imbattable ! La balançoire peut être utilisée à tout âge.

■ Nos coups de pouce, question par question

▶ 1. Utiliser le théorème de Pythagore	Applique le théorème de Pythagore au triangle AHC, rectangle en H.
▶ 2. Utiliser le théorème de Thalès	Les points A, N, C et A, M, B sont alignés dans le même ordre et les droites (MN) et (BC) sont parallèles. Tu peux donc appliquer le théorème de Thalès et en déduire MN.
▶ 3. Sélectionner les matériaux à utiliser	• Calcule les prix des différents composants. • Conclus en calculant le prix total.
▶ 4. Appliquer un pourcentage	• Calcule 20 % du coût minimal du portique. • Donne le montant du prix de vente.
▶ 5. Déterminer la mesure d'un angle	Calcule $\sin \widehat{HAC}$ dans le triangle CHA rectangle en H.

France métropolitaine • Septembre 2020 • SUJET 75

Exercice 4

■ L'intérêt du sujet
Comment réaliser des économies grâce aux mathématiques ?

■ Nos coups de pouce, question par question

▶ 1. Utiliser un tableur	En complétant le tableau, distingue bien le tarif B du tarif A.
▶ 2. Utiliser un tableur	Tu peux tester les différentes réponses.
▶ 3. Reconnaître l'expression algébrique d'une fonction linéaire	Une situation de proportionnalité se traduit par une fonction linéaire.
▶ 4. Représenter une fonction linéaire	Une fonction linéaire se représente par une droite passant par l'origine du repère.
▶ 5. et ▶ 6. Lire un graphique	▶ 5. Lis les coordonnées du point d'intersection de $\mathcal{C}_f$ et de $\mathcal{C}_g$. ▶ 6. Trace la droite horizontale d'ordonnée 100 et repère ses points d'intersection avec les deux courbes.

Exercice 5

■ L'intérêt du sujet
Le développement des énergies renouvelables est un enjeu crucial de nos sociétés ; à travers cet exercice, tu vas t'intéresser aux éoliennes.

■ Nos coups de pouce, question par question

▶ 1. a) Connaître les relations angulaires dans un triangle	Combien vaut toujours la somme des trois angles d'un triangle ?
▶ 1. b) et c) Comprendre un algorithme	b) Observe qu'une fois arrivé au point C, le stylo est orienté vers le bas. Calcule alors de quel angle il doit tourner pour s'orienter vers D. c) Adopte le même raisonnement à partir du point D.
▶ 2. Connaître la boucle « répéter »	Demande-toi combien de pales composent l'éolienne.

SPRINT FINAL

France métropolitaine • Septembre 2020 • CORRIGÉ

75 CORRIGÉ GUIDÉ

EXERCICE 1

▶ **1.** Réponse A.
La médiane est la valeur qui partage la série statistique, rangée par ordre croissant ou décroissant, en deux parties de même effectif.
Écrivons la série rangée par ordre croissant.
On a : 2 – 6 – 10 – 12 – 14 – 22 – 25.
Cette série rangée présente 3 termes avant 12 et 3 termes après 12.
Conclusion : 12 est la médiane de la série statistique.

▶ **2.** Réponse B.
Quand les résultats d'une expérience ont tous la même probabilité de réalisation, alors :
$p(E) = \dfrac{\text{nombre de résultats favorables}}{\text{nombres de résultats possibles}} = \dfrac{n}{N}$.
Dans le sac il existe 60 billes jaunes et au total 200 billes.
Soit E l'événement « la bille tirée est jaune ».
Alors $p(E) = \dfrac{60}{200}$ ou encore $\boxed{p(E) = 0{,}3}$.

▶ **3.** Réponse C.
Pour décomposer un nombre en produit de facteurs premiers, on recherche les nombres premiers qui divisent ce nombre.
2 020 est divisible par 2, car $\dfrac{2\,020}{2} = 1\,010$.
1 010 est divisible par 2, car $\dfrac{1\,010}{2} = 505$.
505 est divisible par 5, car $\dfrac{505}{5} = 101$.
101 est un nombre premier.
On a donc $\boxed{2\,020 = 2 \times 2 \times 5 \times 101}$.

▶ **4.** Réponse C.
La formule qui permet de calculer le volume d'une boule est $\dfrac{4}{3} \times \pi \times R^3$.

> **REMARQUE**
> C'est la seule proposition correspondant à un volume.

▶ **5.** Réponse A.

L'homothétie donnée est une transformation qui agrandit les longueurs, son rapport étant supérieur à 1 ou inférieur à −1.

> **INFO +**
> Si le rapport d'une homothétie est négatif, alors les points considérés et leurs images sont de part et d'autre du centre de l'homothétie.

EXERCICE 2

▶ **1.** Si le nombre choisi au départ est 2, alors on lui ajoute 7 et on trouve 9.

On soustrait 7 au nombre de départ et on obtient (2 − 7) soit −5.

On multiplie les deux résultats précédents et on obtient (−5) × 9 c'est-à-dire −45.

Enfin on ajoute 50 et on obtient (−45 + 50) soit $\boxed{5}$.

▶ **2.** Le nombre choisi au départ est −10, alors on lui ajoute 7 et on trouve −3.

On soustrait 7 au nombre de départ et on obtient (−10 − 7) soit −17.

On multiplie les deux résultats précédents et on obtient 51.

Enfin on ajoute 50 à 51 et on trouve $\boxed{101}$.

▶ **3.** Pour résumer, si on choisit 2, le programme donne 5.
Si on choisit 2, la technique de l'élève donne 5.
Si on choisit −10, le programme donne 101.
Si on choisit −10, la technique de l'élève donne −19.

L'élève a donc tort.

▶ **4.** Si le nombre choisi au départ est x, alors on lui ajoute 7 et on trouve $x + 7$.

On soustrait 7 au nombre de départ et on obtient $x − 7$.

On multiplie entre eux les deux résultats précédents et on obtient $(x + 7) \times (x − 7)$ c'est-à-dire $x^2 − 49$.

Enfin on ajoute 50 et on obtient $x^2 + 1$.

Conclusion : le résultat du programme de calcul est $\boxed{x^2 + 1}$.

France métropolitaine • Septembre 2020 • CORRIGÉ

▶ **5.** Pour obtenir 17 comme résultat, il faut que $x^2 + 1 = 17$, soit $x^2 - 16 = 0$.

Utilisons l'identité remarquable $a^2 - b^2 = (a + b) \times (a - b)$.

Nous savons que $x^2 - 16 = x^2 - 4^2 = (x + 4) \times (x - 4) = 0$.

Puisque nous avons un produit de facteurs nul, alors l'un des facteurs au moins est nul :

$x + 4 = 0$ soit $x = -4$ ou $x - 4 = 0$ soit $x = 4$.

L'équation admet deux solutions 4 et −4.

EXERCICE 3

▶ **1.** Appliquons le théorème de Pythagore au triangle AHC rectangle en H.

$AC^2 = AH^2 + CH^2$ ou encore $AH^2 = AC^2 - CH^2$.

Alors $AH^2 = 342^2 - 145^2 = 95\,939$.

$AH = \sqrt{95\,939}$ ou encore $\boxed{AH \approx 310 \text{ cm}}$ (valeur approchée au cm près).

▶ **2.** Les points A, N, C sont alignés dans le même ordre que les points A, M, B et les droites (MN) et (BC) sont parallèles. Nous pouvons appliquer le théorème de Thalès et écrire $\dfrac{AN}{AC} = \dfrac{MN}{BC}$.

Alors $\dfrac{165}{342} = \dfrac{MN}{290}$ et le produit en croix permet d'écrire $MN = \dfrac{165 \times 290}{342}$.

Conclusion : $\boxed{MN = 140 \text{ cm}}$ (valeur approchée au cm près).

▶ **3.** On sélectionne les différents matériaux utilisés et on indique les prix correspondants :
- la poutre principale de longueur 4 m et coûtant 12,99 € ;
- 4 poutres de 3,5 m de longueur et coûtant 11,75 € l'unité soit un coût total de 47 € ;
- 1 barre de maintien de longueur 3 m et coûtant 6,99 €. On la coupe pour obtenir deux morceaux de même longueur 1,4 m ;

- ensemble de fixations pour 1 portique à 80 € ;
- ensemble de deux balançoires à 50 €.

Coût total $C = 12,99 + 47 + 6,99 + 80 + 50$, soit $\boxed{C = 196,98 \text{ €}}$.

ATTENTION ! Réfléchis bien à la notion de coût minimum !

▶ **4.** Calculons le prix de vente T du portique.
$T = 196,98 + \dfrac{20}{100} \times 196,98$ ou encore $\boxed{T = 236,38 \text{ €}}$ au centime d'euro près.

▶ **5.** Dans le triangle HAC rectangle en H, $\sin \widehat{HAC} = \dfrac{HC}{AC}$ ou encore $\sin \widehat{HAC} = \dfrac{145}{342} \approx 0{,}424$. La calculatrice donne $\widehat{HAC} = 25{,}09°$ (valeur au centième de degré près).
De plus, le triangle BAC est isocèle en A.
Donc (AH) est la bissectrice de l'angle $\widehat{BAC}$ et $\widehat{BAC} = 2 \times 25{,}09° = 50{,}18°$.
La mesure de cet angle est bien comprise entre 45° et 55°.
Conclusion : le portique respecte la condition de sécurité.

EXERCICE 4

▶ **1.** Tableau complété.

	A	B	C	D	E	F
1	Nombre de demi-journées	1	2	3	4	5
2	Tarif A	8	16	24	32	40
3	Tarif B	35	40	45	50	55

▶ **2.** Réponse D.
La formule qui a été saisie dans la cellule B3 est $\boxed{=30+5*B1}$.

▶ **3.** La fonction qui traduit une situation de proportionnalité est la fonction f. En effet cette fonction est linéaire et sa représentation graphique passe par l'origine du repère et par le point (12 ; 96).

France métropolitaine • Septembre 2020 • CORRIGÉ

▶ **4.** Schéma complété.

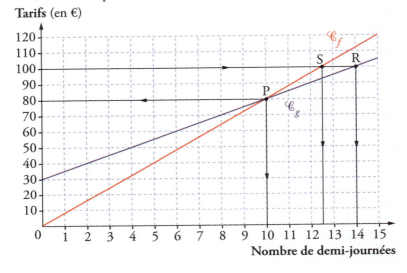

▶ **5.** Les droites $\mathcal{C}_f$ et $\mathcal{C}_g$ se coupent en P(10 ; 80).
Conclusion : pour 10 demi-journées d'activités, les prix à payer sont les mêmes.

▶ **6.** La droite d'équation $y = 100$ coupe la droite $\mathcal{C}_g$ au point R d'abscisse 14, tandis que cette même droite $y = 100$ coupe la droite $\mathcal{C}_f$ au point S d'abscisse un peu supérieur à 12. Avec 100 euros, il est possible de participer à 14 demi-journées d'activités au plus.

REMARQUE
On peut aussi résoudre ces deux dernières questions par le calcul.

EXERCICE 5

▶ **1. a)** La somme des angles d'un triangle vaut toujours 180°.
Donc : $\widehat{CDE} = 180 - 85 - 85 = \boxed{10°}$.
b) Le stylo doit tourner d'un angle de $180 - 85 = 95°$.
c) La valeur à recopier à la ligne 8 est $180 - 10 = 170°$.

▶ **2.** La valeur à écrire dans la boucle « répéter » est 3, car il y a 3 pales identiques à construire.

Bescherelle
Tout pour réussir au collège !

Règles

Exemples visuels

Quiz

Exercices corrigés

 100 CARTES MENTALES

Bescherelle

Tout pour réussir au collège !

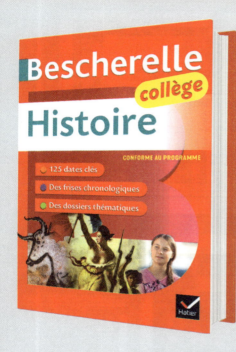

- Dates clés
- Frises chronologiques
- Dossiers thématiques

ŒUVRES & THÈMES

Toutes les œuvres du collège !

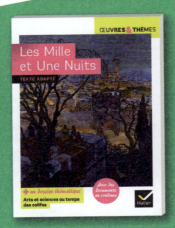

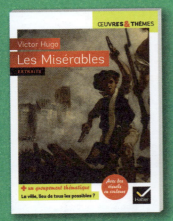

La collection pour étudier les œuvres en profondeur

Hatier